Inhaltsverzeichnis

1.	Neue Methoden im Verband	7
2.	Talentselektion und Talentförderung im Schweizer Fussball	9
2.1.	Blick auf die Resultate	9
2.2.	Identifikation von Talenten	10
2.3.	Studie ,Talentselektion und Talentförderung im Schweizer Fussball'	13
2.4.	Der Jongliertest	19
2.5.	Weiterführende Gedanken	20
2.6.	Psychologischer Einfluss beim Trainerurteil	23
2.7.	Replik des SFV	26
3.	Was kann gemacht werden?	27
3.1.	Ideen für die Forschung	27
3.2.	Wie werden Talente entdeckt: Das Trainerurteil und Trainerausbildung	29
3.3.	Förderung der Trainer im Breitensport: Projekt Sportlehrer	31
3.4.	Spezielle Aspekte: Schnelligkeit	35
4.	Spätentwickler - Frühentwickler	39
5.	Entwicklung der Psyche	45
6.	Die Theorie der Wahrscheinlichkeit	48
7.	Spezialisten in die Talentförderung	51
8.	Private Fußballschulen	54
9.	Löwenschule	56
10.	Datenblog Tagesanzeiger	60
11.	Kinderfussball - Konzept SFV	61

12.	Körperspiel	66
13.	Empathie der Trainer: Kommunikationskultur	68
14.	Der Meisterschaftsmodus im Schweizer Profifussball 70	
15.	Beispiele aus der Praxis	75
16.	Fazit	89

© 2020
Herstellung und Verlag: BoD – Books on Demand, Norderstedt
ISBN: 978-3-7519-3557-9

‚Ich kann freilich nicht sagen, ob es besser werden wird, wenn es anders wird; aber so viel kann ich sagen, es muss anders werden, wenn es gut werden soll.'
(Georg Christoph Lichtenberg, 1742 – 1799)

Vorwort

Wer ein Buch schreib sich auf eine Reise, deren Verlauf und Ausgang unbestimmt ist. Für mich begann die Reise mit einem Bündel an Ideen, die mir zwar nicht den Weg, jedoch die ungefähre Richtung wiesen.

In diesem Buch geht es mir nicht um eine empirische Untersuchung der Talentförderung in der Schweiz. Vielmehr handelt es sich um Beobachtungen und persönliche Überlegungen zur Thematik der Talentförderung im Fussball in der Schweiz aus der Sicht eines Vaters von drei Fussball spielenden Jungs und Sportlehrers. Ich schreibe als aktiver Beobachter, der dabei von seiner Ausbildung sowie Erfahrung in Didaktik und Pädagogik Gebrauch machen kann. Ich schaue, lese und höre Fernsehsendungen, Zeitungsartikel, Fachartikel, Studien, Internetseiten, Blogs und vieles mehr. Dazu kommen meine Erfahrungen als begeisterter Sportler, der sich in verschiedensten Bereichen bewegt. Das ergibt schliesslich ein Bild der Juniorenförderung im Schweizer Fussball von aussen betrachtet, oder anders gesagt, Aussagen aus der Sicht eines Konsumenten. Auch Gespräche mit anderen Eltern fussballspielender Kinder, Trainern, Fussballern, Psychologen und Sportlehrern flossen in diese Arbeit mit ein. Geprägt ist meine Sicht auf die Dinge von meinem Umfeld, das sich grösstenteils in der Zentralschweiz befindet.

Mein Ziel ist nicht, die Talentförderung in unserem Land als schlecht zu entlarven, oder gar den Eindruck zu erwecken, ich wüsste genau, wie es besser gemacht werden könnte, sondern kritisch zu hinterfragen, zum Nachdenken anzuregen und Inputs zu geben, damit am Ende vielleicht Verbesserungen erzielt werden können.

Dass ich nicht dem Fussballmilieu entstamme, sehe ich als Vorteil, da ich den Blick von aussen auf die Geschehnisse werfen kann. Zwar habe ich mich mein Leben lang mit Fussball auseinandergesetzt und Fussball gespielt, beziehungsweise tue dies noch immer, allerdings praktisch ausschliesslich im Hobbybereich.

Um nicht vollkommen an der Realität vorbeizusteuern, habe ich dieses Buch von drei Fachleuten gegenlesen lassen. Die Kritikpunkte dieser drei Personen flossen in das Buch mit ein.

Mein Dank geht an:

Marc Noser, Juniorentrainer FC Küssnacht, Sportlehrer

Dr. med. Susanne Meier, Fachärztin Kinder- und Jugendpsychatrie und –psychoherapie

Dusan Jarotta, Trainerausbildner auf allen Stufen im internationalen Volleyballverband, Sportlehrer, ehemaliger professioneller Volleyballtrainer in der Tschechoslowakei und der Schweiz

Plus eine weitere Person, die nicht namentlich aufgeführt sein will.

Das Kapitel ‚Entwicklung der Psyche' entstand im Austausch mit dem Psychologen und Psychotherapeuten Dr. phil. Roland Müller. Auch ihm gebührt ein grosses Dankeschön meinerseits.

Der Einfachheit halber habe ich nur die männliche Form verwendet. Selbstverständlich ist das weibliche Geschlecht genauso gemeint.

1. Neue Methoden im Verband

In der Fernsehsendung ‚Morgen sind wir Champions' des Schweizer Fernsehens spricht der Trainer der U18 Nachwuchsauswahl, Yves Débonnaire, von neuesten Anpassungen in der Ausbildung der besten Nachwuchsfussballer (Erstausstrahlung 2.10.2017 SRF2). Neu sei, dass dem körperlichen Entwicklungsstand der jungen Männer Rechnung getragen werde. Grosse kräftige Spieler lasse man gegen ebenfalls gross gewachsene Teams spielen, kleinere Spieler dementsprechend gegen Teams mit kleineren Spielern. Dass sich die Erkenntnis durchsetzt, wonach nicht nur die körperlich stärksten Nachwuchsspieler gefördert werden sollen, zeigt den Willen des Schweizerischen Fussballverbands (SFV), sich weiter zu entwickeln und vorwärts zu kommen.

Das Problem dabei ist, dass diese Erkenntnis keineswegs neu ist. Darauf hätte man vor rund zwanzig Jahren im Zusammenhang mit Studien über den ‚Relative Age Effect' bereits kommen können, ja sogar müssen. Bei Themen wie dem Nachteilsausgleich der spät im Jahr Geborenen (zum Beispiel: Studie von Helsen, Starkes, & Van Winckel, 1999) oder auch bei der Verminderung des Verletzungsrisikos dank wiederholten Gleichgewichtsübungen sah man erst nach vielen Jahren, ja sogar Jahrzehnten, entsprechende Anpassungen in der Talentförderung der Fussballer. Im Jahr 2011 beschreiben Romann und

Fuchslocher die Problematik der ungleichen Förderung in der Schweiz aufgrund des Geburtsmonats ("Gnade der frühen Geburt" oder Chancengleichheit?). Die von Romann und Fuchslocher präsentierten Zahlen schmeicheln dem SFV zwölf Jahre nach der Studie von Helsen, Starkes & Van Winckel nicht:

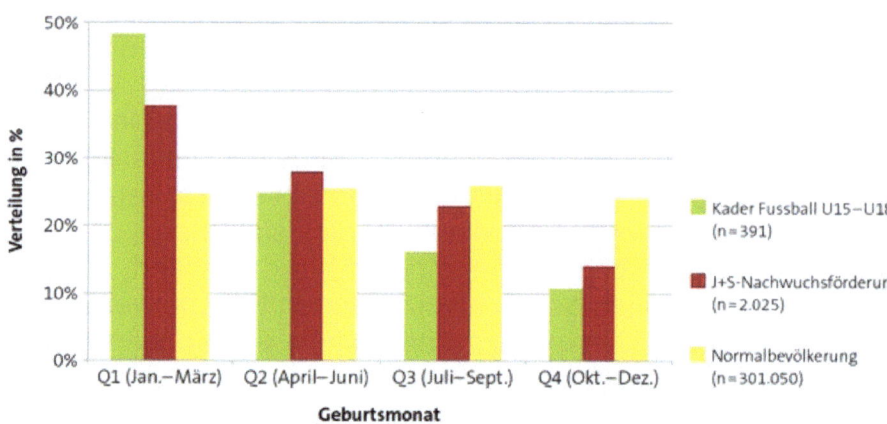

So entsteht der Eindruck, der SFV reagiere träge auf neueste Erkenntnisse, anstatt selber mit Innovationen voran zu gehen und sich so einen Vorsprung gegenüber anderen Ländern zu verschaffen. Dieses Vorgehen mag in den letzten zwei Jahrzehnten genügt haben, um mithalten zu können in der erweiterten Weltspitze, jedoch wird mit dieser Taktik ein kleines Land wie die Schweiz auf Dauer den Anschluss verlieren. Einzelne Anzeichen hierfür sind vorhanden.

8

2. Talentselektion und Talentförderung im Schweizer Fussball

2.1. Blick auf die Resultate

Vergangene Erfolge der Nachwuchsmannschaften und gegenwärtige Erfolge der A Teams im Fussball zeigen, wie durch qualitativ hochstehende, konsequente Nachwuchsarbeit kleine Länder in grossen Mannschaftssportarten Erfolg haben können. Wenn man allerdings die Errungenschaften der Schweizer Nachwuchsauswahlen in neuerer Zeit anschaut, entsteht der Verdacht, dass andere Länder in diesem Bereich aufgeholt haben. So liegen die grossen Erfolge der Schweizer Nachwuchsteams im Fussball bereits einige Zeit zurück (WM-Titel U17 Fussball 2009, EM Finale U21 Fussball 2011). Die momentane Stärke des A Nationalteams basiert auf diesen ausserordentlichen Jahrgängen.
Derweil wurde die Schweiz auf oberster Stufe bereits von Belgien überholt. Und ein Blick in die Resultatliste der U21 Auswahl in EM Qualifikationsspielen 2017/2018 zeigt Niederlagen gegen Wales (2x), Rumänien, Portugal (2x) und Bosnien-Herzegowina. Bei der U19 Nationalmannschaft stehen von 2016 bis 2019 Niederlagen in Qualifikationsspielen gegen die Türkei, Italien, Israel (2x), Ungarn, Mazedonien, Belgien, Spanien und Frankreich zu Buche. Da wirkt die Teilnahme an der EM Endrunde der U17 im

Jahr 2018 schon als einsamer Ausreisser nach oben.

Natürlich können diese Resultate Teil einer normalen Schwankung sein, die es gerade im Nachwuchsbereich bei praktisch allen Nationen gibt. Der SFV tut auch vieles, um seine gute Position in der Fussballwelt zu verbessern. Dennoch, oder gerade deshalb, schadet ein kritischer Blick von aussen auf einige Themen sicher nicht.

2.2. Identifikation von Talenten

Im Manual ‚Talentidentifikation und –selektion' vom Bundesamt für Sport und Swiss Olympic (2016) wird auf die grossen Schwierigkeiten bei der Suche nach Talenten hingewiesen. Obwohl oder gerade weil gemäss den Autoren eine zuverlässige Talentselektion praktisch unmöglich ist, versuchen sie den in der Talentförderung involvierten Personen bei der Talentidentifikation und -selektion mit besagtem Manual zu helfen.

Die Talentförderung im Fussball hält sich jedoch gleich in mehreren Punkten nicht an dieses Manual. So wird zum Beispiel mehrfach betont, dass Prognosen für eine spätere Entwicklung eines Talents vor der Pubertät nur geringe Aussagekraft besitzen, weshalb Selektionen in diesem Alter zu vermeiden sind.

Dennoch baut das ganze System im Schweizer Juniorenfussball vom ersten Tag an auf Selektionen auf:

- Teams werden bereits auf F Juniorenstufe in Leistungsklassen geführt
- grosse Vereine selektieren und fördern je nach Verein ab dem F oder E Juniorenalter
- einige private Fussballschulen selektionieren ebenso bereits bei den jüngsten Fussballern

Durch die Einteilung in Teams mit verschiedenen Leistungsniveaus bei den F und E Junioren gerät die Leitidee (nicht die aktuell Besten, sondern die Geeignetsten) in der Realität komplett in Vergessenheit. In den Vereinen spielen vorwiegend die aktuell Besten in den meistgeförderten Mannschaften. Dadurch gelangen mindestens 70-80 % der Kinder gar nie in die Nähe einer möglichen Talentidentifikation und -selektion. Es geschieht somit eine Vorselektion, die gemäss dem Manual ‚Talentidentifikation und –selektion' unbedingt vermieden werden müsste.

Private Fussballschulen könnten für diejenigen Kinder, die durch eine Vorselektion Nachteile erfahren, die Chance bieten, ihr Manko wieder wettmachen zu können. Allerdings dürfen diese nicht denselben Fehler machen, indem sie bei der Aufnahme selektionieren.

Beispiel der Vorselektion in einem Verein mit 60 F Junioren, beziehungsweise 5 Teams:

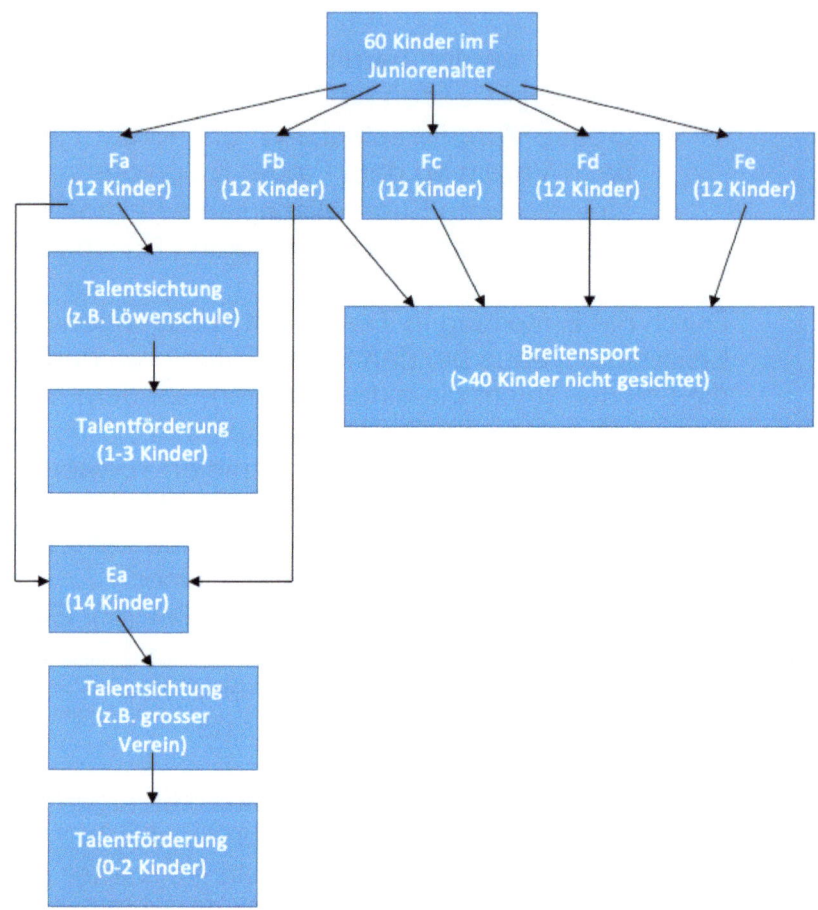

2.3. Studie ‚Talentselektion und Talentförderung im Schweizer Fussball'

Im Juli 2018 erschien der Projektbericht der vom SFV massgeblich finanzierten Studie ‚Talentselektion und Talentförderung im Schweizer Fussball' von Sieghartsleitner, Zuber und Conzelmann. Die Studie sucht nach frühen Indikatoren für spätere Karrieren als Spitzenfussballer. Nebst den von den Studienautoren verfolgten Zielen, ebensolche Merkmale zu finden, die auf spätere Spitzenfussballkarrieren hinweisen, können weitere, in der Studie weniger beachtete, Erkenntnisse aus dem Projektbericht gewonnen werden. Die Studienautoren begleiteten junge Fussballer dreier verschiedener Niveaus über mehrere Jahre durch deren Jugendzeit.

Betrachtet man die Studie etwas genauer, stellt sich einem die Frage, ob die zurzeit gängigen Auswahlkriterien bei den Nachwuchsmannschaften dazu führen, dass wir in der Schweiz die richtigen und wahren Talente fördern oder nur die, die zu einem gesetzten Zeitpunkt, aus welchen Gründen auch immer, gerade besonders gut sind, jedoch langfristig nicht unbedingt die besten Entwicklungspotentiale aufweisen.
Die Studie zeigt im Wesentlichen sehr Erstaunliches: Wenn man in einem gewissen Alter (in diesem Fall U13) die momentan besten Spieler für das höchste Level auswählt, diese mehr

13

trainieren lässt als alle anderen Spieler und sie zudem die besseren Strukturen geniessen, befinden sich fünf Jahre später gemessen an den Techniktests nicht zwingend die besseren Fussballer in der am höchsten eingestuften Gruppe. Das, obwohl laufend selektiert wird, das heisst, Spieler, die dem entsprechenden Niveau nicht mehr gewachsen sind, abgestuft, und Spieler, die eine überdurchschnittliche Leistungssteigerung zeigen, aufgestuft werden.

Dem gegenüber zeigt die Nachfolgestudie 'The Early Specialised Bird Catches the Worm' (2018, Zuber, Zibung, Conzelmann) den Einfluss einer frühen Fokussierung, die später zu einem höheren Leistungsniveau führt: wer sich in möglichst jungem Alter auf eine Sportart festlegt und in erster Linie sportartspezifisch, also auch mit grossem Umfang in der jeweiligen Sportart, trainiert, vergrössert seine Chancen auf spätere Erfolge.

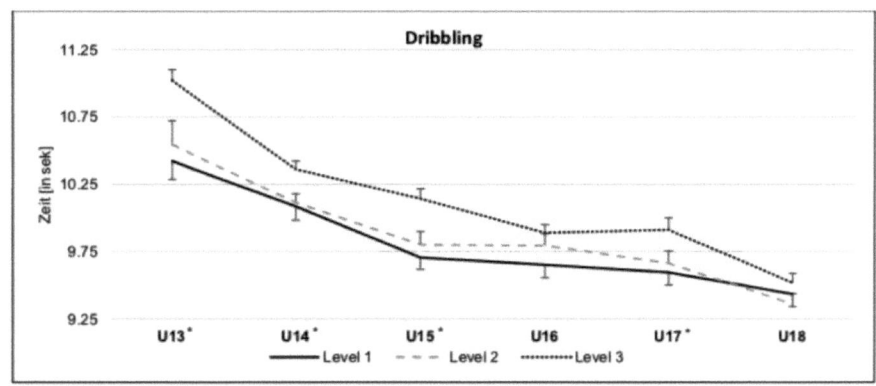

Abbildung 25. Verlauf der Leistungen im Dribblingtest (* = signifikanter Unterschied, $p < .05$).

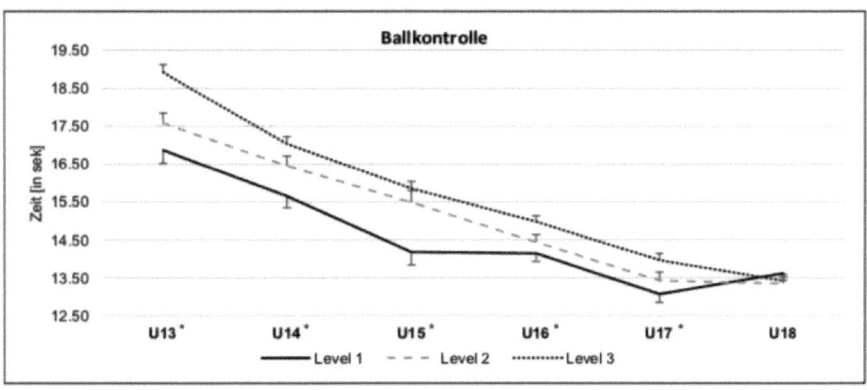

Abbildung 26. Verlauf der Leistungen im Ballkontrolltest (* = signifikanter Unterschied, $p < .05$).

Bei den zwei Tests ‚Dribbling' und ‚Ballkontrolle' geht es darum, eine Aufgabe in möglichst kurzer Zeit zu absolvieren. Je tiefer der Wert im Diagramm, umso besser.

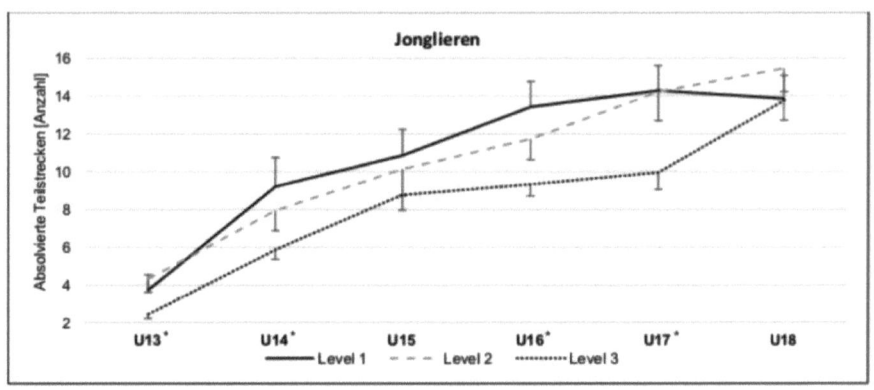

Abbildung 27. Verlauf der Leistungen im Jongliertest (* = signifikanter Unterschied, $p < .05$).

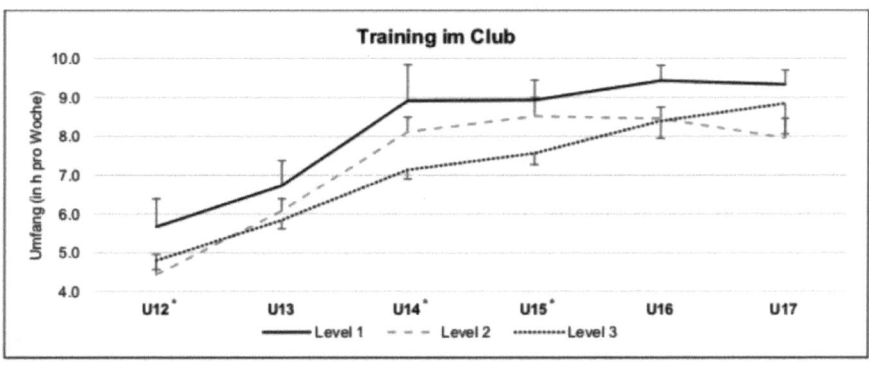

Abbildung 46. Entwicklung des Umfangs der Trainingsstunden pro Woche (* = signifikanter Unterschied, $p < .05$).

(Abbildung 25, 26, 27, 29 und 46 aus
'Talentselektion und Talentförderung im Schweizer
Fussball' von Roland Sieghartsleitner, Claudia
Zuber und Achim Conzelmann, Juli 2018)

16

Level 1: Kader Super League / Challenge League /
Nationalspieler U19
Level 2: Kader Promotion League / 1. Liga
Level 3: Kader 2. Liga und darunter

Diese Darstellungen illustrieren, wie der Vorsprung
der besser geförderten Nationalspieler nicht
zwingend grösser, sondern meistens kleiner oder
gar ins Gegenteil verkehrt wird, was doch ziemlich
erstaunt.

Der SFV sucht sich jedes Jahr die grössten Talente
aus der ganzen Schweiz aus, um diese dann mit
höherer Qualität und Quantität zu fördern als den
Rest der Fussball spielenden Kinder. Da wäre
eigentlich zu erwarten, dass sich die Schere
zwischen den verschiedenen Vergleichsgruppen
weiter öffnet, das Leistungsgefälle sich demzufolge
vergrössert und nicht, wie im Projektbericht gezeigt,
gleichbleibt, verringert oder gar umkehrt. Diese
Entwicklung ist erstaunlich. Hat der Verband die
falschen Talente ausgewählt oder ist die Förderung
der nationalen Spitzenspieler zu wenig
entwicklungsfördernd?

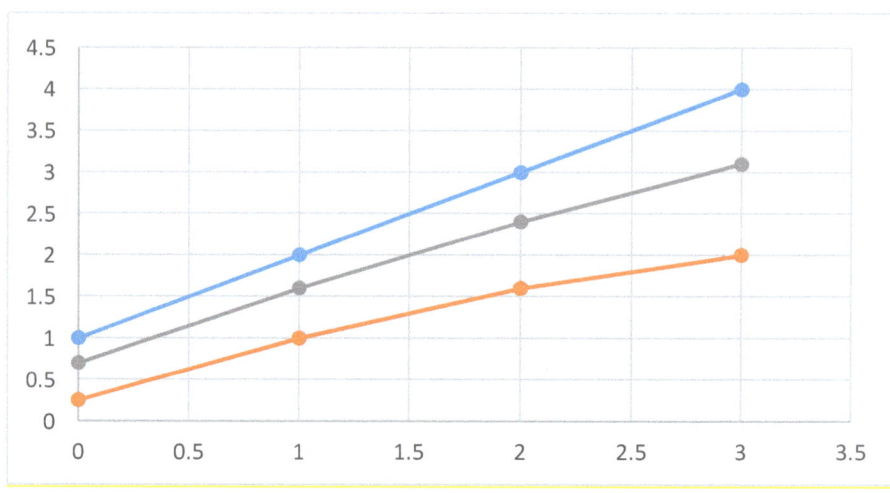

Darstellung: Idealer Verlauf der Leistungskurven von Nationalspielern (blau), Juniorenspitzenfussballern (grau) und Breitenfussballern (orange). Allenfalls wäre auch eine Annäherung der verschiedenen Kurven denkbar, da im obersten Bereich der Förderung nur noch kleine Fortschritte erzielt werden.

Roland Sieghartsleitner, Co Autor der Studie, führt dazu aus:

,Wenn Sie sich die Daten in den genannten Abbildungen von U13 bis U17 (Leistungsgruppen unterscheiden sich) und dann dazu den Vergleich U18 (Leistungsgruppen unterscheiden sich nicht) ansehen, fällt auf, dass die Charakteristik schon unterschiedlich ist. Dafür kann es verschiedene Gründe geben, die einerseits im Bereich der

Datenerhebung liegen (z.B. wurden fast alle Spieler des Level 1 an einem Testtag bei der U18-Nationalmannschaft getestet -> wenn dort schlechte Bedingungen wie z.B. ein stumpfer Rasen vorliegen, ist es eine Verzerrung), andererseits wohl auch inhaltlicher Natur sind (z.B. Homogenität der Spieler steigt im Selektionsverlauf -> es ist fast zu erwarten, dass in isolierten Tests irgendwann kein Leistungsunterschied mehr zu finden ist).'

2.4.   Der Jongliertest

Wie bei den ersten zwei Tests ist beim Jonglieren eine teilweise Umkehr der Verhältnisse zu beobachten. Dies sogar bereits beim zweitletzten Messzeitpunkt (U17). Hier stellt sich jedoch die Frage, was jonglieren mit Fussball zu tun hat. Johan Cruyff machte zu diesem Thema folgende Aussage:

"Technique is not being able to juggle a ball 1000 times. Anyone can do that by practicing. Then you can work in the circus. Technique is passing the ball with one touch, with the right speed, at the right foot of your team mate"

Kurz gesagt: jonglieren ist Übungssache. Wer mehr übt, wird in dieser Disziplin logischerweise besser sein. Im Fussball zählen jedoch andere Fähigkeiten.

2.5.   Weiterführende Gedanken

Eine wirklich interessante Frage wäre zusätzlich:
Wie würde der Vergleich aussehen, wenn die
weniger guten Fussballer in derselben Zeitspanne
die gleichen Trainingsmöglichkeiten und -umfänge
erhalten würden wie die Spieler der
Nachwuchskader?
Kommt dazu, dass, wie oben angedeutet, die
Aufteilung schon viel früher anfängt. Bereits bei den
F Junioren wird geschaut, welche Kinder zu jenem
Zeitpunkt auf einem höheren Leistungsniveau sind.
Leistungsstarke kommen zu mehr Einsatzzeit in den
Spielen und werden in Teams vereint, die dann von
den besten Juniorentrainern der jeweiligen Vereine
betreut werden. Einige kommen in regionale
Fördergefässe, wo sie einen höheren
Trainingsumfang haben als das Gros der restlichen
Spieler (Beispiel Löwenschule in Luzern). Bei
optimaler Auswahl der Talente sowie derer
Förderung sollten die Spieler, die zu einem
bestimmten Zeitpunkt ein höheres Leistungsniveau
aufweisen, diesen Vorsprung mindestens behalten,
solange sie in einem grösseren Umfang trainieren
als ihre gleichaltrigen Konkurrenten.
In diesem System der Talentförderung geht
möglicherweise eine grosse Zahl von potentiellen
Talenten von Anfang an verloren. Weitere bleiben
im Verlauf des Juniorenalters wegen mangelnder
Förderung auf der Strecke.

Zum Teil werden bereits beim Eintritt in den
Juniorenfussball bei den Fussballschulen (in der

Regel ab fünfjährig: G Junioren) Einteilungen nach Stärke gemacht. So erfahren zum Beispiel bei einem Club die Fortgeschrittenen gezielt in kleinen Gruppen eine bessere Förderung, während der grosse Rest die Zeit mit freiem Spiel verbringt. Will ich also meinem Sohn die besten Chancen auf einen positiven Werdegang im Fussball bieten, fördere ich ihn, bevor er in den Juniorenfussball eintritt, damit er dort wiederum ab Tag eins die beste Förderung und am meisten Spielzeit erhält.

Im Kapitel 15 (‚Beispiele aus der Praxis') wird anhand des Falles von Kevin geschildert, wie es in der Praxis über fünf Jahre dauern kann, bis ein talentierter Junge auf der Stufe spielen kann, auf der er gegen die regional Besten seines Alters antritt. Die Jahre zuvor hat ein solcher Spieler kaum eine Chance, in ein regionales Fördergefäss aufgenommen zu werden.

Stellen Sie sich vor, ihr Kind kommt mit sechs oder sieben Jahren in die erste Klasse der öffentlichen Schule. Nach wenigen Wochen werden bereits die leistungsstarken Schüler mehr gefördert. Nach einem halben Jahr wird aufgeteilt: starke und schwache Schüler werden voneinander durch mehrere Leistungsstufen getrennt unterrichtet. Wer einmal in der stärksten Gruppe ist bleibt dies in der Regel auch während der ganzen Primarschulzeit. Aufstiege von der schwächsten Einteilung über alle Zwischenstufen bis in die stärkste Gruppe sind nur im Ausnahmefall und im Verlauf mehrerer Jahre möglich. Die Eltern würden wohl auf die Barrikaden gehen. Was unmöglich erscheint im Schulsystem, passiert genauso im Fussball. Man geht davon aus, dass starke Spieler bereits im jungen Alter mehr Förderung verdienen, weil sie immer die stärkeren Spieler bleiben werden.

Da Fussballvereine natürlich im Gegensatz zu den Schulen viel stärker dem Leistungsprinzip verpflichtet sind, scheint dieses Vorgehen auf den ersten Blick nur logisch. Nur werden diese Einteilungen nach Leistungsstand zu einem Zeitpunkt gemacht, zu dem kaum abgeschätzt werden kann, welches am Ende wirklich die talentiertesten Spieler sein werden.

An dieser Stelle möchte ich kurz darauf hinweisen, dass dies alles aus Sicht der Talentförderung betrachtet ist. Selbstverständlich kann und soll es im Fussball nicht ausschliesslich um Talentförderung gehen. Auch wenig talentierte Kinder sollen jederzeit Zugang zum Fussball haben. Die Fussballvereine haben für zahllose Kinder neben der sportlichen auch eine grosse soziale Funktion und der Fussball damit eine wichtige gesellschaftliche Aufgabe. Dies ist jedoch nicht der Inhalt dieser Arbeit.

2.6. Psychologischer Einfluss beim Trainerurteil

Dem Verlauf der Techniktests gegenüber steht die Einschätzung des Potenzials der Nachwuchsspieler durch deren Trainer.

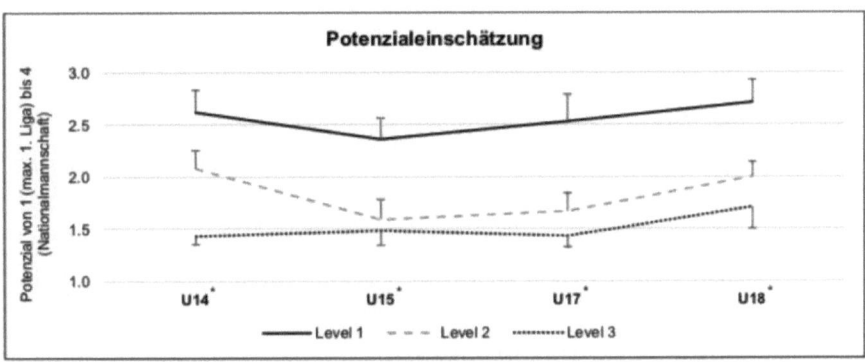

Abbildung 70. Entwicklung der Potenzialeinschätzung (* = signifikanter Unterschied, $p < .05$).

(Abbildung 70 aus 'Talentselektion und Talentförderung im Schweizer Fussball' von Roland Sieghartsleitner, Claudia Zuber und Achim Conzelmann, Juli 2018)

Hier zeigt sich folgendes Bild: während sich die Niveaus in den Techniktests angleichen, gehen die Trainer bei der Einschätzung des Potenzials von gleichbleibenden Unterschieden aus. Könnte es folglich bei der Beziehung zwischen den Spitzentalenten und deren Trainern (sowie auch zwischen den weniger talentierten und deren

Trainern) zu den Mechanismen der
selbsterfüllenden Prophezeiung kommen?

Robert K. Merton umschreibt dieses in der
Psychologie bestens bekannte Phänomen wie folgt:

*„Die selbsterfüllende Prophezeiung ist anfänglich
eine falsche Bestimmung der Situation, sie
verursacht [aber] ein neues Verhalten, das bewirkt,
dass die ursprünglich falsche
Auffassung richtig wird. Die vordergründige
Gültigkeit der selbsterfüllenden Prophezeiung führt
eine Herrschaft des Irrtums fort. Denn der Prophet
wird den tatsächlichen Gang der Dinge als Beweis
dafür anführen, dass er von Anfang an recht hatte."*

(Robert K. Merton, 1948)

Robert Rosenthal beschreibt dazu ein Experiment,
das er an amerikanischen Grundschulen im Jahre
1968 durchgeführt hatte:

*„Zunächst überzeugte er mit einem Scheintest das
Kollegium davon, dass bestimmte, von ihm zufällig
ausgewählte Schüler so genannte hochintelligente
„Aufblüher" seien, die in Zukunft hervorragende
Leistungen zeigen würden. Bei einer
Intelligenzmessung am Schuljahresende hatten sich
die meisten dieser Schüler tatsächlich im Vergleich
zu ihrem am Anfang des Schuljahres erfassten
Intelligenzniveau stark verbessert (45 Prozent der
als „Überflieger" oder „Aufblüher" ausgewählten*

Kinder konnten ihren IQ um 20 oder mehr Punkte steigern und 20 Prozent konnten ihn gar um 30 oder mehr Punkte steigern)."

Umgemünzt auf unsere Nachwuchsförderung bedeutet dies, die Trainer der Auswahlmannschaften stufen ihre Spieler bei der Selektion hoch ein, was in erster Linie aufgrund von Beobachtungen geschieht. Danach suchen sie im weiteren Verlauf des Förderprozesses nach Indizien, die ihre vorhergehenden Entscheide bestätigen.

Im Gegenteil dazu folgt der Verlauf bei den Breitenfussballern dem Prinzip der selbsterfüllenden Prophezeiung in negativer Weise. Die Trainer erwarten keine Spitzenleistungen von den Spielern, weshalb diese dann tatsächlich nicht auf das höchste Leistungsniveau kommen. Es tritt die selbstzerstörende Prophezeiung ein.

2.7.   Replik des SFV

Obwohl der Schlussbericht der Studie ‚Talentselektion und Talentförderung im Schweizer Fussball' von Sieghartsleitner, Zuber und Conzelmann noch nicht öffentlich gemacht wurde, hat mir der SFV als Hauptsponsor der Studie erlaubt, die Resultate in diesem Buch zu verwenden. Im Gegenzug drucke ich nachfolgend die Stellungnahme des SFV zum Thema Talentselektion ab:

Stellungnahme „Talentselektion"

- Regelmässiger Austausch betreffend Talentselektion mit anderen Verbänden, sowohl fussballspezifisch über Landesgrenzen hinaus wie auch mit anderen Sportarten.

- Pflege zu Kontaktpersonen von Universitäten und dem Bundesamt für Sport.

- Einige Kriterien werden im «Manual Talentidentifikation und -selektion" festgehalten - die Verbände definieren sportartspezifische Kriterien.

- Der SFV unterhält eine „Arbeitsgruppe Talentselektion", welche sich mehrmals pro Jahr trifft, um die aktuellen Methoden zu überprüfen und über weitere Massnahmen zu sprechen.

- Einige Massnahmen wurden bereits aufgrund des Zwischenberichts umgesetzt.

- Ein grosses Augenmerk wird aktuell auf das grosse Potential gerichtet, welches die Thematik «Biologischer Entwicklungsstand» und «Relative Age Effect» betrifft.

16. April 2020

3. Was kann gemacht werden?

3.1. Ideen für die Forschung

Hinsichtlich der zuvor gestellten Frage bezüglich der verschiedenen Trainingsmöglichkeiten und - umfänge führen die regionalen Auswahlen jeweils eine Kontrollgruppe, bestehend aus Spielern desselben Jahrgangs, die es nicht in die Auswahl geschafft haben. Diese Kontrollgruppe besteht aus Kindern, die vorwiegend im letzten Quartal des Jahres Geburtstag haben, ehrgeizig und motiviert sind und vor dem Eintritt in den Vereinsfussball in ihrem Umfeld nicht oder nur wenig gefördert wurden. Diese Kinder sollen in ihren Clubs nicht zwingend in der besten Mannschaft des Jahrgangs gespielt haben.

Um die ungleiche Förderung in den Vereinen zu verhindern, führen diese bereits ab dem F Juniorenalter Quoten für Kinder, die im letzten Quartal des Jahres Geburtstag haben, in ihren besten Mannschaften ein, oder machen, was noch besser ist, bis und mit E Juniorenalter keine Einteilungen nach Leistung.

Werden Leistungsgruppen gemacht, muss die Durchlässigkeit jederzeit gegeben sein.

Schwächere Spieler sollen zusätzlich periodisch die Möglichkeit haben, in den stärkeren Teams mit zu trainieren.

Bei einigen Ideen, wie zum Beispiel dem Vor- / Nachteil des Geburtstags, laufen seit einiger Zeit auf Ebene der überregionalen und nationalen Kader Bestrebungen, dies auszugleichen. Insgesamt ist die Talentförderung in der Schweiz jedoch zu sehr in alten Mustern gefangen. Diese aufzubrechen ist nicht einfach, sollte aber das Ziel sein.

Auch die nationalen Leistungszentren des SFV sollten Kontrollgruppen einführen. Ziel dieser Kontrollgruppen ist es, mehr darüber zu erfahren, ob es frühe Indikatoren gibt, die man bisher nicht erkannt hat, und die aufzeigen, wer es später ganz an die Spitze schaffen könnte und wer nicht. Wirklich schlüssige Aussagen dazu wird man erst machen können, wenn man für die Kontrollgruppen die gleichen Voraussetzungen bereitstellt wie für die Gruppe der Spitzensportler. Solange man dies nicht tut, wird man immer Gruppen mit unterschiedlichen äusseren Bedingungen miteinander vergleichen, was die Resultate relativiert. Das Ziel muss deshalb sein, die Unterschiede in den äusseren Bedingungen zu minimieren.

Hat man Kontrollgruppen etabliert, sei dies in regionalen oder nationalen Leistungszentren, können nach einigen Jahren die Aufnahmekriterien je nach Ergebnissen der Vergleiche zwischen den Kontrollgruppen und den klassisch ausgewählten Nachwuchsfussballern gezielt verändert werden. Mit diesem Vorgehen werden die Kriterien zur Talentförderung stetig verbessert, denn alles, was man zurzeit zu wissen scheint, ist, dass man nicht genug weiss, weshalb in erster Linie dem Trainerurteil die entscheidende Bedeutung beigemessen wird.

Phasenweises Vorgehen zur Optimierung der Forschungsarbeit in der Talentförderung:

1. Kontrollgruppen mit veränderten Aufnahmekriterien (eventuell auch Losentscheid)
2. Anpassung der Aufnahmekriterien gemäss den Erkenntnissen von Punkt 1
3. Kontrollgruppen mit angepassten Trainingsmethoden
4. Anpassung der Trainingsmethoden in allen Gruppen gemäss den Erkenntnissen aus Punkt 3
5. Weitere Anpassungen der Aufnahmekriterien und Trainingsmethoden

3.2. Wie werden Talente entdeckt: Das Trainerurteil und Trainerausbildung

In den aktuellsten Studien hat sich die Erkenntnis durchgesetzt, dass es sehr schwierig ist, verlässliche objektive Kriterien für die Talentselektion zu finden (Manual Talentidentifikation- und selektion, Bundesamt für Sport und Swiss Olymplc). Deswegen wird empfohlen, vermehrt auf das Trainerurteil zu setzen. In Ermangelung valabler Alternativen scheint dies im Moment die einzige Lösung zu sein. Aufgrund der hohen Komplexität scheinen die meisten Fussballtrainer bei einer umfassenden Talentbeurteilung überfordert und bewerten den momentanen Leistungsstand der Spieler.

Der gängige Weg zum Fussballtrainer, egal auf welcher Stufe, besteht aus einer aktiven Fussballerzeit und einem oder mehreren Trainerkursen (siehe Darstellung ‚Ausbildungsstruktur 2016' aus dem Trainerreglement des SFV). Trainer sind geprägt von ihren jahrelangen Erfahrungen als Fussballspieler. Dazu kommen Ausbildungskurse von einer Woche bis maximal ungefähr einem halben Jahr. Dementsprechend wird vorwiegend auf die Erfahrung und somit auf die tendenziell immer gleichen Punkte gebaut. Der Fussballtrainer entscheidet wahrscheinlich ähnlich wie er es früher selber bei sich erlebt hat. Ein Fortschritt geschieht in diesem System nur langsam.

Um bei der Selektion der Talente einen Fortschritt zu erzielen, reicht es nicht, sich auf das Urteil von ehemaligen Fussballern mit Trainerkursen zu verlassen. In den entscheidenden Schnittstellen braucht es umfassende Sport- und Bewegungsexperten mit fussballerischem Hintergrund.

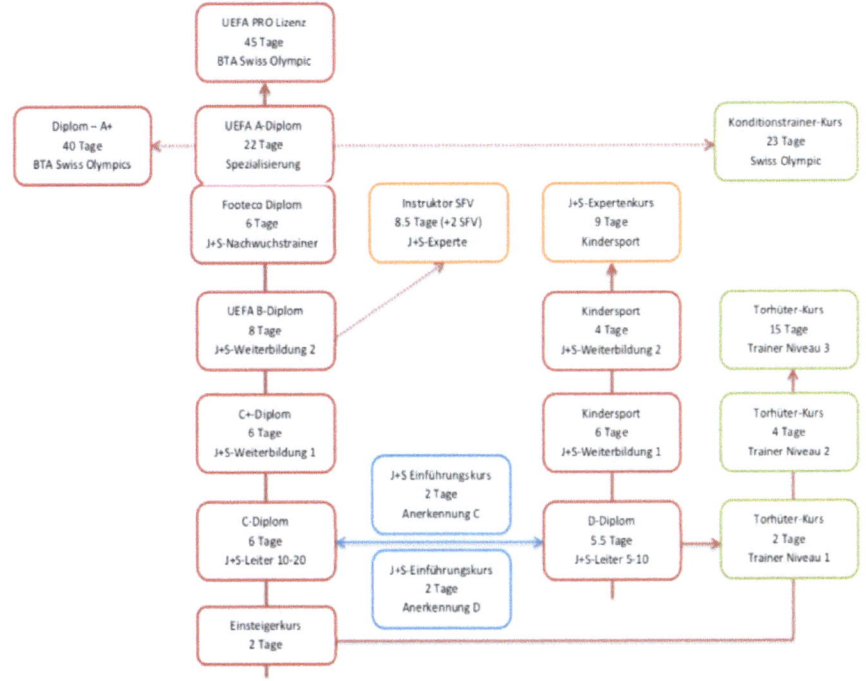

Abbildung: Trainerreglement SFV, Ausbildungsstruktur 2016

3.3. Förderung der Trainer im Breitensport: Projekt Sportlehrer

Im Schweizer Vereinsfussball arbeiten unzählige Trainer mit grossem Engagement ohne oder für nur symbolisches Entgelt. Die Trainertätigkeit ist für sie ein Hobby, für das sie einen beträchtlichen Teil ihrer Freizeit opfern. Tendenziell werden die Strukturen im Trainerbereich professioneller mit

31

fortschreitendem Alter der betreuten Kinder / Jugendlichen und je grösser der Verein, beziehungsweise je höher er im Ligabetrieb angesiedelt ist.

Viele dieser Betreuer, egal auf welchem Niveau, wären oder sind sehr interessiert daran, mehr über die diversen Bereiche des Fussballtrainings zu erfahren, was sie zurzeit im Rahmen der oben dargelegten Ausbildungsstruktur machen können. In einer idealen Welt wären auf allen Stufen nur ausgezeichnet ausgebildete Experten am Werk. Da sich kleine und mittelgrosse Vereine wohl keine Sport- und Bewegungsexperten leisten können, sei hier folgende Idee erläutert:

100 Sportlehrer mit fussballerischem Hintergrund werden vom SFV im Teilpensum bezahlt, sowie durch zentrale Schulung sowie Fortbildungen auf eine einheitliche Philosophie eingestimmt. Mittelgrosse Clubs können sich beim SFV für dieses Projekt bewerben, gesucht sind in erster Linie Vereine kleiner Städte, die eine Funktion als regionale Zentren erfüllen. Wird ein solcher Fussballverein vom SFV ausgewählt, schickt dieser einen Sportlehrer im Teilpensum dahin. Der Sportlehrer leitet Trainings in verschiedenen Mannschaften und auf verschiedenen Juniorenstufen. Die Nachwuchstrainer der betreffenden Mannschaften schauen zu und holen sich so neue Ideen. Die Sportlehrer sollen ebenso Trainings beobachten und Rückmeldungen direkt an die Trainer geben. So kann es zu einer gewinnbringenden Interaktion zwischen den vom

SFV entsandten Leuten und den lokalen Trainern, die oft mit sehr viel Engagement grosse Dienste im Nachwuchsbereich erbringen, kommen.

Die vom SFV entsandten Experten sind bei allen Entscheidungen betreffend Talentförderung, sowie Auf– und Abstufungen involviert.
Zudem übernehmen sie eine F Juniorenmannschaft und führen diese im Idealfall weiter bis zu den C Junioren.

Bei Bedarf gehen die Sportlehrer in umliegende kleinere Clubs und machen dort punktuell dasselbe:

- Sie beobachten Trainings und geben interressierten Trainern danach Rückmeldungen über die Trainingsgestaltung und –leitung.
- Sie leiten Trainings, die von den Trainern beobachtet werden, um aufzuzeigen, wie gutes Training ausehen könnte.
- Bei Umstufungen können sie beigezogen werden, um sowohl bei den Entscheidungen wie auch bei der Kommunikation mit Kindern und Eltern zu helfen.

Voraussetzungen für einen Verein, um an einem solchen Projekt teilzunehmen, sind:

- Offenheit gegenüber neuen Ideen
- Hohe Kritikfähigkeit der involvierten Trainer
- Wille zu Verbesserungen

Diese Fördermassnahme führt im Idealfall zu einer verbesserten fussballerischen Ausbildung der Kinder einer ganzen Region.

Sollte es gelingen, die Qualität der Juniorenausbildung in den Vereinen zu verbessern, würde somit der Pool, aus dem die Talente später ausgewählt werden können, vergrössert. Im Moment gibt es zu viele Kinder, die mangels qualitativ guter Förderung in ihren Clubs nie die Chance haben, es in die Talentförderungssysteme der grossen Clubs zu schaffen.

Junioren Fussballtraining fernab von den grossen
Bühnen.

3.4.   Spezielle Aspekte: Schnelligkeit

Ein Punkt, der bereits bei der frühen Talentselektion
zu beachten ist, stellt die Schnelligkeit dar. Dies,
weil die Schnelligkeit grösstenteils Veranlagung ist
und somit nur bedingt trainiert werden kann. Im
Buch ‚Trainingswissenschaft' von Günter Schnabel,
Dietrich Harre und Alfred Borde (1994) ist dazu
nachzulesen: „Der Anteil langsam- und
schnellkontrahierender Fasern in einzelnen Muskeln
ist indviduell unterschiedlich, genetisch festgelegt

und offenbar durch Training nicht grundlegend und dauerhaft zu verändern." Das heisst, die Schnelligkeit kann zwar durch Training verbessert werden, allerdings nur bis zu einem genetisch festgelegten Grad.

Trotzdem muss beachtet werden: bei Kindern können in punkto Schnelligkeit auch mangelnde koordinative Abläufe entscheidende limitierende Faktoren sein. Da diese koordinativen Abläufe trainiert werden können, muss dies in eine Beurteilung einbezogen werden. Werden zwei Kinder im Bereich Schnelligkeit miteinander verglichen, kann es durchaus sein, dass eines der Kinder zwar langsamer ist, jedoch mehr Potenzial nach oben besitzt, weil es zum Zeitpunkt des Vergleichs seine Bewegungen schlechter koordinieren kann und somit grösseres Verbesserungspotenzial hat.
Ausserdem ist das Potenzial zwar genetisch vorgegeben, der Grad der Ausschöpfung desselben kann jedoch unterschiedlich sein. Das heisst, während ein Kind sein Potenzial betreffend Schnelligkeit gut ausschöpft und deswegen schnell ist, hat ein anderes Kind viel ungenütztes Potential und kann entsprechend noch schneller werden.

Auch der Körperbau eines Kindes kann die Schnelligkeit beeinflussen. Ein Kind kann in einem frühen Stadium seiner Entwicklung leicht übergewichtig sein, was sich mit schnellerem Wachstum automatisch ausgleicht. Mit dem im

Verhältnis zur Grösse tieferen Gewicht wird dieses Kind auch an Schnelligkeit zulegen.
Ein anderes Kind wächst in einem frühen Stadium sehr stark. Seine Muskeln, wie auch seine Koordination können mit dem rasanten Wachstum nicht Schritt halten. Folgt später eine Phase mit weniger schnellem Wachstum, können sich diese Defizite von alleine wieder verbessern.

Aus diesen Gründen kann und soll die Schnelligkeit schon bei der frühen Talentselektion berücksichtigt werden, allerdings immer unter Vorbehalten, also mit Blick auf die Entwicklungsmöglichkeiten.

Schnelligkeitstraining bei den Junioren.

4. Spätentwickler - Frühentwickler

Die Fussballwelt liebt Frühentwickler. Der jüngste
Spieler in der obersten Spielklasse, der jüngste
Nationalspieler, der jüngste Spieler, der in der
obersten Spielklasse ein Tor erzielt hat. Leicht wird
vergessen, dass bei Frühentwicklern entsprechend
die Entwicklung früher endet und sie sodann von
langsamer entwickelten Spielern eingeholt oder gar
überholt werden.
Freddy Adu oder Renato Sanches sind nur zwei der
vielen Beispiele, die früh auf einem hohen Niveau
gespielt haben, deren Karrieren jedoch nicht den
erwarteten Fortgang erfuhren. Dennoch passiert
derselbe Fehler immer wieder. Für einen jungen
Spieler gilt als grosses Lob, wenn er für sein Alter
schon sehr weit ist.

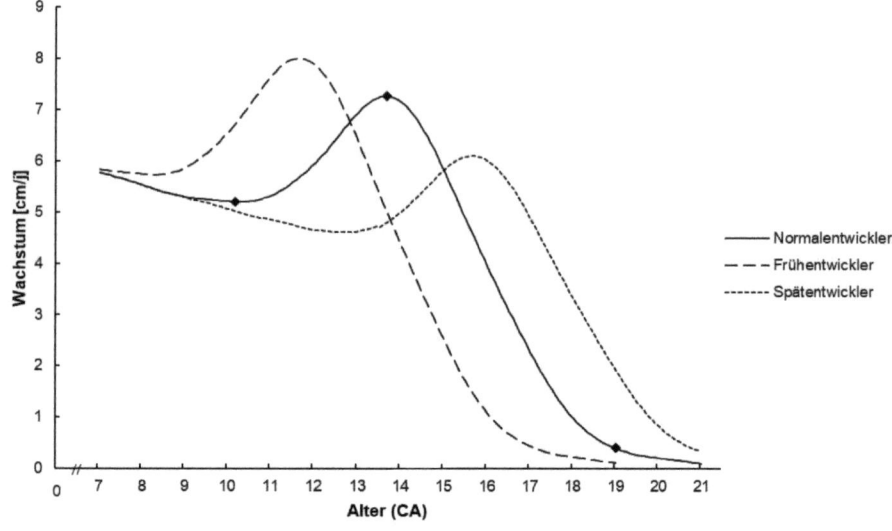

Früh- und Spätentwickler im Vergleich; Carrascosa et al. 2018

Freddy Adu

Im Alter von zwölf Jahren spielte Freddy Adu in der U20 Nationalmannschaft der USA, mit 14 Jahren debütierte er bei D.C. United und schoss im selben Jahr sein erstes Tor. Er galt als Jahrhunderttalent, bekam Angebote von europäischen Spitzenclubs, wechselte aber erst drei Jahre später, mit 17 Jahren, zu Benfica Lissabon, wo er sich, ebenso wie bei diversen Clubs, zu denen er ausgeliehen wurde, nicht durchsetzen konnte. Seither zog er von Verein zu Verein, war zwischenzeitlich gar vertragslos, bis er 2018, mittlerweile 28jährig, mit Las Vegas Lights einen neuen Verein fand. Freddy Adu gilt heute als gescheitertes Talent.

Der Fussball ist natürlich zu komplex, um das Scheitern eines Talents auf nur eine Ursache zurückzuführen. Trotzdem zeigt dieses Beispiel, wie ein junger Spieler nicht zuletzt aufgrund seiner ausserordentlich frühen Entwicklung überschätzt wird.

Renato Sanches

In seiner Jugendzeit, in der Renato Sanches alle Nachwuchsteams von Benfica Lissabon durchlief, war er körperlich derart früh entwickelt, dass Zweifel an seinem tatsächlichen Alter aufkamen, die erst mit einem Knochen- und Gebisstest beseitigt wurden. Im Alter von 18 Jahren spielte Renato Sanches erstmals für die erste Mannschaft und wurde kurze Zeit später zum jüngsten Torschützen für Benfica in dessen Heimstadion. Mit knapp 19 Jahren wechselte er für 35 bis 80 Millionen Euro (je nach Bonuszahlungen) zu Bayern München, wo er vorerst wenig spielte, weshalb er an Swansea City ausgeliehen wurde. Seit 2018 spielte er wieder in München.

Es stellt sich die Frage, ob das Aufsehen um diesen jungen Spieler eben so gross gewesen wäre, hätte er als normal oder spät Entwickelter mit 21 Jahren bei Benfica debütiert, beziehungsweise sein erstes Tor geschossen, worauf er vielleicht mit 22 Jahren zu Bayern München gewechselt wäre.

Der Weg zu einem Weltklassespieler steht Renato Sanches weiterhin offen. Dennoch zeigt sein bisheriger Werdegang, wie sehr es einige Fussballclubs lieben, wenn ein junger Spieler früh ausgesprochen weit entwickelt ist.

Die Schweizer Lösung

Mit der Challenge League oder gar tieferen Ligen existiert ein funktionierender Weg in den Spitzensport für Spätentwickler. Allerdings präsentiert sich dieser Weg entschieden beschwerlicher als der tendenziell stromlinienförmigere Weg eines talentierten Frühentwicklers, der von Tag eins an in seinem Club in der besten Mannschaft spielt und später von regionalen Förderangeboten profitiert oder gleich zu einem Grossclub wechselt. Man könnte nun anmerken, Umwege erhöhen die Ortskenntnis, was auf jene Spieler, die es letztlich schaffen, wahrscheinlich zutrifft.

Wie bei allen Aspekten der Talentförderung muss auch hier die Frage gestellt werden, wie der Prozess der Spätentwickler optimiert werden kann. Im Idealfall werden Spätentwickler von Anfang an gleich gefördert wie ihre weiter entwickelten Altersgenossen. Wie dies geschehen soll, wurde bereits in vorangegangenen Kapiteln erwähnt (Kontrollgruppen, ausgeglichene Förderung auf der untersten Stufe, Ausgleich des Nachteils der am Ende des Jahres geborenen). Zum Teil bestehen bereits wertvolle Bestrebungen des SFV in diese Richtung.

In einer idealen Talentförderungswelt wären Anpassungen des Systems zu einem späteren Zeitpunkt nicht mehr nötig, weil die Spätentwickler von Anfang bis Ende gleichwertig gefördert werden wie die restlichen Talente. Dass dies hundertprozentig umgesetzt werden kann, wird jedoch Utopie bleiben, obschon dies als Ziel jederzeit angestrebt werden muss.
In der realen Welt bietet sich eine andere Optimierung an. Der SFV unterhält bekanntlich Nachwuchsnationalteams bis zur Stufe U21, in denen mehrheitlich früh und normal entwickelte Talente gefördert werden. Da Spätentwickler, wie der Name schon indiziert, mit allem später dran sind, benötigen diese nicht nur eine Förderung in separat geführten Teams, sondern auch eine länger andauernde Unterstützung, bis sie bereit sind für den Eintritt in den Spitzenfussball. Deshalb schlage ich die Bildung einer U23 Mannschaft mit ausschliesslich Spätentwicklern vor. Dergestalt erfahren Spätentwickler eine Förderung durch den Verband bis ungefähr zum selben biologischen Alter wie die Frühentwickler.

Beispiel des vorgeschlagenen Nachteilsausgleichs
bei Nachwuchsteams des SFV:

	Frühentwickler in U21	Spätentwickler in U23
Kalendarisches Alter	21	23
Biologisches Alter	22-23	21-22

5. Entwicklung der Psyche

Genau wie bei der körperlichen Entwicklung verläuft die Entwicklung auch im emotionalen sowie im kognitiven Bereich bei Kindern und Jugendlichen nicht immer linear. Bei der psychischen Entwicklung spricht man dabei von einem disruptiven Verlauf. Sowohl die emotionale wie auch die kognitive Entwicklung sind wichtige Komponenten bei der Entfaltung eines jungen Talents. Die Emotionsregulation entscheidet, wie ein Fussballer mit Beziehungen in und um das Team, mit Druck und Erwartungen umgehen kann, die Kognition hilft, Spielsituationen zu verstehen und Lösungen zu finden. Obschon praktisch jeder, der in der Talentförderung engagiert ist, die Wichtigkeit dieser zwei Aspekte anerkennt, wird in der Regel nur der Ist Zustand der geförderten Spieler beachtet, beziehungsweise miteinander verglichen. Das führt dazu, dass zum Beispiel Spieler X, der gut mit Druck umgehen kann, weiter gefördert wird, während Spieler Y, der unter Druck seine Leistung nicht vollumfänglich abrufen kann, aus der Förderung ausgeschlossen wird. Die prioritäre Orientierung am Zustand der körperlichen Reifung stellt eine häufig vorkommende Einseitigkeit der Beurteilung dar. Dabei kann die Emotionsregulation, wie auch die Kognition zum einen trainiert werden und zum anderen in der Entwicklung einem disruptiven Lauf folgen. Wie bei der körperlichen Entwicklung ist am Ende auch im emotionalen und kognitiven Bereich nicht zwingend derjenige Spieler der beste, der zu einem früheren Entwicklungszeitpunkt in diesen Bereichen einen Vorsprung aufweisen konnte.

Das Projekt ‚TalentCare' in Luzern widmet sich insbesondere jungen Sportlern, die Probleme in ihrer psychischen Entwicklung aufweisen oder einfach die Wichtigkeit der mentalen Aspekte im Sport erkannt haben. Dr. phil. Roland Müller, Entwicklungspsychologe, Psychotherapeut und Mitbegründer von TalentCare, sagt, leider sei das Interesse der meisten Sportvereine im Allgemeinen und der Fussballvereine im Speziellen für Ihre Arbeit zu gering gewesen, weshalb das Projekt kaum noch verfolgt werde.
Die Fussballtalente sind im psychischen und mentalen Bereich weiterhin sich selbst, oder dem wenigen, was ihre Trainer in diesem Bereich mit ihnen machen, überlassen. Es stellt sich die Frage, wieso die Vereine so viel für körperliche sowie technische Optimierungen bei ihren Schützlingen machen, gleichzeitig aber so wenig für deren psychisch - mentale Entwicklung.

Die Entwicklung eines Talents sollte ganzheitlich angegangen werden: Koordination / Technik, Kondition / Kraft, Kognition und Psyche / mentale Fähigkeiten sind alles Faktoren, die den Werdegang eines Fussballers beeinflussen. Entsprechend wäre hier ein ganzheitliches Konzept des Verbands gefragt, der dessen Umsetzung in der Praxis koordinieren würde. Ein entsprechender Ansatzpunkt bietet sich mit der Trainerausbildung, in der die Auszubildenden für die Thematik sensibilisiert und in dieser geschult werden. Die Trainer sollen lernen, wie sie den Entwicklungsprozess der Psyche bei den jungen Fussballern unterstützen können, sowie erkennen, wann ein Jugendlicher oder ein Kind weitere Hilfe, zum Beispiel von einem Sportpsychologen oder einem Psychotherapeuten, braucht, um sein volles Potential ausschöpfen zu können. In anderen Ländern – insbesondere den USA – ist dieser Aspekt längst in die integrale Förderung der Fussballer eingebettet.

6. Die Theorie der Wahrscheinlichkeit

In der Realität muss man davon ausgehen, dass für jeden Spieler, der es in unserem vorgegebenen System, beziehungsweise der Struktur der Fussballclubs und des Fussballverbandes, bis zur Spitze schafft, mehrere Spieler gibt, die es genauso schaffen könnten, jedoch vom System übergangen werden. Wenn wir von der Annahme ausgehen, wonach es für jeden Spieler, der es in den Spitzenfussball schafft, zwei weitere Spieler gibt, die es auf weniger konventionellen Wegen mit einer gezielten Förderung ebenso hätten schaffen können, ist das wohl noch defensiv eingeschätzt. Sollten wir es erreichen, von diesen zwei Spielern einen dank unkonventioneller Trainingsmethoden und Auswahlkriterien an die Spitze zu führen, hätten wir in der Schweiz als Folge am Ende doppelt so viele Spitzenspieler wie im Moment.

Beispiele, wie dies möglich ist, sehen wir vor allem in Einzelsportarten, unter anderem im Skisport. Dort schaffte es mit Ramon Zenhäusern ein rund zwei Meter grosser Sportler im Slalom an die Weltspitze, was zuvor kaum jemand für möglich gehalten hätte. Da stellt sich die Frage, wo die speziellen Typen wie Ramon Zenhäusern im Fussball bleiben? Spätestens in standardisierten Leistungstests zur Erkennung der Spitzentalente scheiden diese aus, wahrscheinlich jedoch schon viel früher, da die Fussballclubs keine solche individualisierte Förderung kennen wie sie Didier Plaschy, der

Trainer von Ramon Zenhäusern, anwandte. Auch hier liegt der Lösungsansatz in alternativen Trainingsgruppen, die gezielt auf besondere Voraussetzungen der Athleten eingehen können, wodurch gleichzeitig neue Erkenntnisse in der Talentförderung gewonnen werden können.

Gleichzeitig sollten alle gängigen Trainingsmethoden neu hinterfragt werden. Es bringt höchstens in einer ersten Phase etwas, wenn alternative Trainingsgruppen von denselben Betreuern und nach den gleichen Methoden trainiert werden wie die restlichen Spitzenspieler. Um weitere Verbesserungen der Auswahlkriterien und Methoden zu erreichen, sollen in einer zweiten Phase neue Ideen in den Kontrollgruppen zum Zug kommen.

Jede Übung, jede Spielform soll hinterfragt werden. Was ist der Sinn? Wo wollen wir hin? Was sind die Fähigkeiten und Fertigkeiten, die von einem Fussballspieler verlangt werden und ihn innerhalb des Spiels weiterbringen? Viel zu oft werden in Fussballtrainings die immer gleichen alten Übungen rezykliert, ohne den Sinn derselben zu hinterfragen. Klar lernen die Kinder und Jugendlichen auch mit diesen Methoden das Fussballspielen. Die momentanen Methoden haben sich durchaus bewährt. Die Frage lautet: geht es noch besser?

Wer sich und seine Methoden nicht konstant hinterfragt, läuft Gefahr, frei nach dem Motto von Stefan Kruckenhauser, österreichischer Skipionier, zu unterrichten: 'Auch der schlechteste Skilehrer kann nicht verhindern, dass seine Schüler das Skifahren lernen.'

7. Spezialisten in die Talentförderung

Laut dem Dokument ‚Ausbildungsstruktur SFV'
braucht ein professioneller Trainer weniger als 100
Ausbildungstage bis zur UEFA pro Lizenz (siehe
Kapitel 3.2.). Dazu kommt viel praktische Erfahrung,
da die Trainer zwischen den einzelnen
Ausbildungsstufen zum Teil mehrere Jahre auf dem
jeweiligen Niveau tätig sein müssen. Danach kann
dieser als haupt- oder nebenberuflicher Trainer eine
Mannschaft führen, was zum Beispiel beim FC
Luzern einem U 16 Team oder höher gleichkommt.
Zum Vergleich: ein Lehrer braucht in der Schweiz
zum Unterrichten ein Vollzeitstudium von drei bis
sechs Jahren. Danach darf er eine Klasse
übernehmen, die in etwa der Grösse eines
Fussballteams entspricht.

Die Ausbildung, die die besten Juniorentrainer, also
jene, die in der Talentförderung des SFV oder bei
grossen Clubs arbeiten, absolviert haben, ist
weniger als halb so umfangreich wie diejenige eines
Primarlehrers, wenn auch mit mehr Praxiszeit
verbunden. Es reicht, wenn jemand früher
vorzugsweise Spitzenfussball gespielt und danach
die Ausbildung von weniger als 100 Tagen
absolviert hat. Dabei ist das Leben eines
Spitzenfussballers in keiner Weise zu vergleichen
mit dem Führen einer Jugendmannschaft als
Trainer. In den Vereinen des Breitensports ist die
Situation noch schlechter. Aus Mangel an

geeigneten Nachwuchstrainern kann praktisch jeder ohne Vorbildung ein Team übernehmen.

Wollen wir die Qualität der Talentförderung im SFV und in den Clubs erhöhen, muss hier der Hebel angesetzt werden. Ähnlich wie im Kapitel 3.3. (Förderung der Trainer: Projekt Sportlehrer) beschrieben, sollte auch auf höchstem Niveau der Talentförderung das Ziel sein, Sportlehrer mit fussballerischem Hintergrund für diese Aufgaben zu gewinnen. Ein Ansatz hierfür bestände darin, den Quereinstieg in die Fussballtrainerausbildung für Sportlehrer zu erleichtern. Die Arbeit mit Nachwuchsfussballern im Spitzensport wäre sicher eine reizvolle Aufgabe für viele ausgebildete Sportlehrer, und die jungen Sportler würden von dem grossen Wissen der Sportlehrer in den Bereichen Didaktik, Psychologie, Trainings-, Entwicklungs- und Bewegungslehre profitieren.

Die Umsetzung dieser Idee erfordert allerdings ein Umdenken in der Nachwuchsförderung des Fussballs. Die Überzeugung, nur ein Spitzenfussballer könne auch ein Spitzentrainer sein, muss, wo nicht bereits geschehen, flächendeckend revidiert werden. Positive Beispiele in dieser Hinsicht existieren bereits auf höchster Ebene (Jürgen Klopp, Thomas Tuchel, Julian Nagelsmann).

Zusätzlich schlage ich eine Verlängerung der Ausbildungszeit, vergleichbar mit einem Bachelorstudium (Praxiszeit nicht eingerechnet) vor: zwei Jahre Vollzeit- oder drei bis vier Jahre

Teilzeitschulung. Nebst fussballspezifischen Themen sollen dort allgemeine Inhalte wie Trainingslehre, Didaktik, Psychologie, mentales Training, Sportverletzungen und Bewegungslehre Platz finden.

8. Private Fußballschulen

Um den Traum der Kinder und deren Eltern von der großen Fussballkarriere herum hat sich mit privaten Fussballschulen ein neuer Industriezweig gebildet. Anbieter wie footrebel, justfootball oder kids go soccer haben ein Wirtschaftsmodell daraus entwickelt, diese Träume zu bedienen und das anscheinend mit Erfolg. Dabei würde es sich für die Eltern lohnen, etwas genauer hinzuschauen. Eine kritische Betrachtung der jeweiligen Homepages offenbart Lücken. Bei all diesen Fussballschulen fehlt ein griffiges Konzept, wie die Kinder das Fussballspielen konkret erlernen sollen. Stattdessen werden markige Sprüche und einige Schlagwörter präsentiert. Weiter werden die involvierten Personen und Trainer zumeist gar nicht erst vorgestellt.

Bei einigen Anbietern gibt es ein Auswahlverfahren, bei dem durch Vorspielen in einem Probetraining entschieden wird, wer den Ansprüchen des Anbieters genügt und wer nicht. Was genau die Aufnahmekriterien sind, wird derweil nicht kommuniziert. Das erstaunt in einer Zeit, in der Eltern auf die Barrikaden gehen, wenn ein Lehrer in der Volksschule Lernziele für eine Prüfung nicht vollständig bekannt gibt.

Wahrscheinlich würde niemand von den Eltern ihr Kind, wenn es in der öffentlichen Schule Mühe hat, mit so wenig vorgängigen Informationen an eine

Privatschule schicken. Bei privaten Fussballschulen scheint ein Mangel an Informationen jedoch kein Hinderungsgrund zu sein. Wenn Träume bedient werden, ist es schwer, sachlich zu bleiben.

Die Idee, Kindern die Möglichkeit zu bieten, sich in privaten Fussballschulen weiterzuentwickeln, ist lobenswert, solange dies seriös gemacht wird. Das heißt mit einem klaren Konzept, das aufzeigt, wie die Förderung der Kinder konkret aussieht, dazu Leiter, die besser ausgebildet sind als der durchschnittliche Trainer im Verein und, falls es solche überhaupt gibt, Offenlegung der Aufnahmekriterien.
Wer wissen will, wie ein seriöser Internetauftritt einer privaten Fussballschule aussehen könnte, schaut sich die Homepage der ‚Valley Isle Soccer Academy' an. Diese private Fussballschule ist auf Maui, Hawaii beiheimatet. Fussball wird auf der ganzen Welt nach den gleichen Regeln gespielt, weshalb man auch von einer Fussballschule auf Hawaii etwas lernen kann.

Richtig gemacht können private Fussballschulen gerade Spätentwicklern oder aus anderweitigen Gründen übersehenen Talenten die Chance geben, den Anschluss an die besser geförderten Spieler nicht zu verlieren. Wenn verhindert werden kann, dass sich die Schere zwischen den geförderten und vernachlässigten Kindern nicht weiter öffnet, bleibt die Chance eines späteren Quereinstiegs intakt.

9. Löwenschule

Die Löwenschule des FC Luzern hat ein Konzept, das einer vernünftigen Idee folgt. Mit über 200 Kindern wird auf E Juniorenstufe breit gefördert. Am Ende festigt das Konzept allerdings ebenfalls das bekannte System. Wer bereits im frühen Alter gut ist, wird weiter gefördert. Indem noch früher entschieden wird, wer talentiert ist und wer nicht, ist die Gefahr dementsprechend grösser, dass die falschen gefördert werden, nämlich genau jene, die beim Eintritt in die F Junioren den grösseren fussballerischen Rucksack mitbringen.

Wenn schon so breit gefördert wird wie in der Löwenschule, böte sich die Gelegenheit, nach besonderen Kriterien getrennte Gruppen zu führen. Das könnte zum Beispiel eine Löwenschule light mit körperlich schwachen Kindern sein oder gar eine alternative Löwenschulgruppe mit Kindern, die fussballerisch weniger weit sind als die Besten, dafür eine besonders ausgeprägte Lernfähigkeit mitbringen.

Ein noch radikalerer Einschnitt wäre ein Unterbau zur Löwenschule, die Welpenschule. Für die Welpenschule können sich alle interessierten Kinder zum Zeitpunkt ihres frühstmöglichen Eintritts in die F Junioren melden. Die Zusammensetzung der Kinder der Welpenschule wird durch das Los bestimmt. Erst nach Ende der zweijährigen Welpenschule wird nach Leistung, Potenzial,

Lernfähigkeit, Wille, koordinativen Fähigkeiten und Entwicklungsstand entschieden, wer geeignet ist für die Löwenschule. Nur die in den genannten Bereichen besten Kinder der Welpenschule kommen in die Löwenschule, die dann nach altem Muster auf 200 Kinder aufgestockt wird.

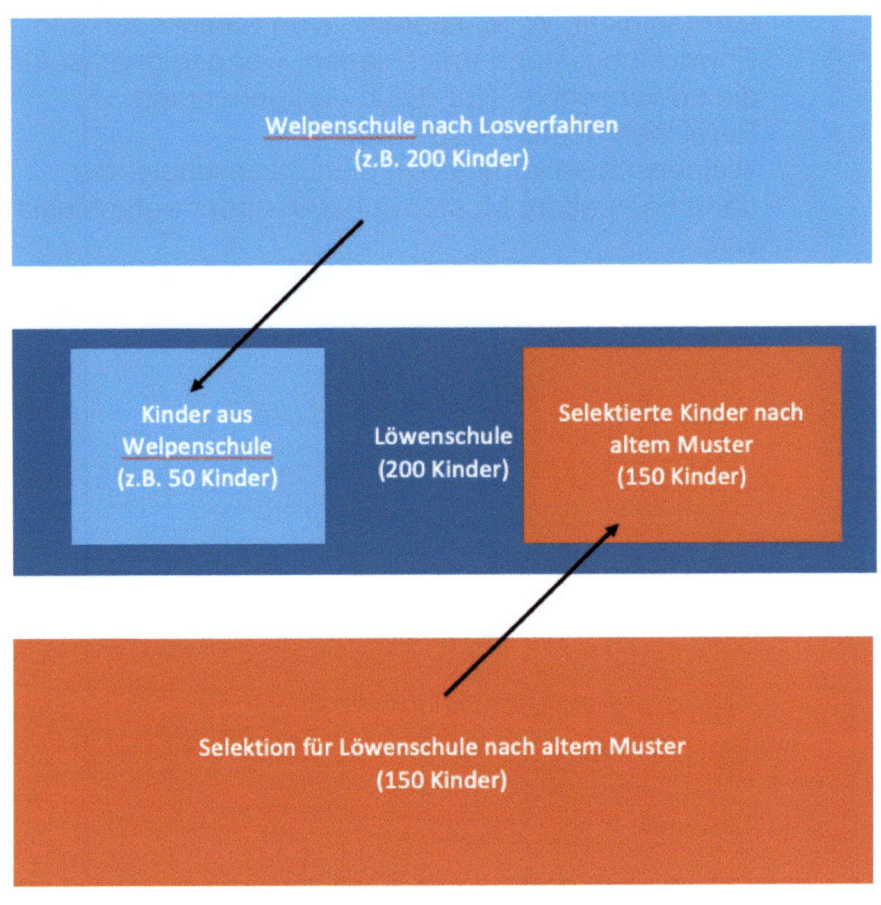

Darstellung: Vorschlag zum Ausbau der
Löwenschule

Wichtig ist, diesen Prozess genau zu dokumentieren, wodurch wichtige Erkenntnisse in die zukünftige Talentförderung einfliessen können. Hat man erst einmal ausreichend Erkenntnisse aus diesem Versuch gezogen, können weitere Anpassungen vorgenommen werden. Zum Beispiel eine Einteilung in Gruppen, wie körperlich stark entwickelte, Fussballanfänger, Geübte, koordinativ Starke oder Kinder sportlicher Eltern. Die Liste kann beliebig erweitert werden, um in gewünschten Bereichen weitere Erkenntnisse zur Entwicklung von Talenten zu gewinnen und somit die Selektionsprozesse zu verbessern.

10. Datenblog Tagesanzeiger

Im Datenblog Artikel von Florian Raz
(Tagesanzeiger, 22.1.2017) ist nachzulesen:

‚Laut Laurent Prince rechnet der SFV mit folgender
Faustregel: 15'000 Zwölfjährige spielen in der
Schweiz im Club Fussball. 1500 von ihnen werden
vom SFV gefördert. 15 von ihnen gelingt der Sprung
in die höchste Schweizer Liga, die Super League.'

Das entspricht 1 % der Fussball spielenden Kinder
in der Schweiz, die letztlich in der obersten
Schweizer Liga ankommen. Da jedoch die Mehrheit
der Fussball spielenden Kinder von Anfang an gar
nie gefördert wird, muss die Rechnung anders
gemacht werden. Geht man davon aus, dass
maximal ein Drittel von Beginn weg in ihren Clubs
eine mehr oder weniger gezielte Förderung erhält,
müssen 10'000 Kinder von dieser Rechnung
ausgeschlossen werden, das heisst, die 1500 vom
SFV geförderten zwölfjährigen Fussballer werden
nur aus einem Pool von 5000 Kindern ausgewählt.
Zählt man von diesen 5000 Kindern noch jene ab,
die nur gefördert wurden, weil sie in ihrer
körperlichen und kognitiven Entwicklung weiter
waren, bleiben nicht mehr viele übrig. Die Auswahl
der 1500 zu fördernden Fussballer geschieht so
praktisch von alleine.

11. Kinderfussball - Konzept SFV

Um es vorwegzunehmen: das Kinderfussball - Konzept des SFV ist eine gute Sache. Verbesserungsmöglichkeiten gibt es trotzdem auch hier.

Wenn ich Juniorentrainings im Breitensport beobachte, denke ich, die meisten Trainer haben entweder noch nie etwas vom Kinderfussball – Konzept des SFV gehört oder dieses nicht verstanden. Tatsächlich könnte das Konzept einfacher gestaltet sein, schliesslich muss das Ziel sein, dass alle Trainer dieses verstehen und nicht nur Experten.

Drei zentrale Leitlinien, die alle auch im Konzept des SFV erwähnt sind, erachte ich als ausreichend beim Führen von Juniorenteams. Da diese im Konzept des SFV zu komplex beschrieben sind, schlage ich nachfolgende Vereinfachung, hier am Beispiel der F Juniorenstufe beschrieben, vor:

1. Vom 1:1 zum 5:5 in der Spielerziehung
2. Möglichst für jedes Kind einen Ball in den Übungen, maximal drei Kinder pro Ball
3. Gesunde emotionale Bindung zwischen Trainer und Kindern (Empathie)

Zu Punkt 1:

Kinder haben beim Eintritt in den Vereinsfussball unterschiedliche Voraussetzungen. Einige haben Fussball spielende ältere Geschwister, Kinder in der Nachbarschaft oder Eltern, von denen sie bereits profitieren konnten. Andere haben sich vor dem Eintritt kaum mit Fussball beschäftigt.
Wird bei den F Junioren von Anfang an 4:4 oder 5:5 gespielt, werden die Kinder, die vorher schon gefördert wurden, bevorteilt, da diese das Spiel dank ihres vorgängigen Trainings dominieren werden. Das bedeutet gleichzeitig weniger Ballkontakte, weniger Spielanteile für die Kinder, die zuvor weniger oder gar nicht Fussball gespielt haben.
So wird bereits beim Start der Kleinsten in die Fussballzeit eine Chance verpasst, alle gleich zu fördern, wodurch man später sehen würde, welche Kinder die wahren Talente sind.
Durch möglichst häufiges Spielen in kleinsten Gruppen (vor allem 1:1 und 2:2) können die Startdefizite innert kürzester Zeit wettgemacht werden, da jedes Kind zu ausreichend Ballkontakten und Spielanteilen kommt.

Zu Punkt 2:

Je weniger Bälle für die Übungen gebraucht werden, desto weniger Ballkontakte gibt es für den einzelnen und desto weniger Fortschritte machen die Kinder. Konkret machen Übungen mit mehr als vier Spielern und nur einem Ball im ersten Jahr wenig Sinn. Zudem werden die Kinder aus Langeweile heraus unruhig und beginnen Dummheiten zu machen, was wiederum den Betreuer ärgert.

Zu Punkt 3:

Ein gutes Lernklima ist Voraussetzung, damit sich die jungen Fussballer ihrem Potenzial entsprechend verbessern können.
Juniorentrainer können wichtige Bezugspersonen der Kinder sein. An die guten, aber auch an die schlechten Juniorentrainer erinnern sich viele Menschen ein Leben lang.

Die ersten zwei Punkte gelten in angepasster Form auch für die übrigen Juniorenstufen, während Punkt 3 unverändert für alle Stufen seine Wichtigkeit behält.

Beherzigt ein Betreuer diese drei Punkte, kann er nicht mehr viel falsch machen. Liest er nun noch das Kinderfussball - Konzept des SFV durch und versteht dieses, gehört er bereits zu den besseren seines Fachs auf Juniorenstufe.

Dazu kommen einige Vorschläge, wie der SFV gerade bei den Kleinsten sinnvolle Anpassungen einleiten könnte:

- Kleinere (vor allem tiefere) Tore im F Junioren Fussball. Die Torwarte sollten hohe, unter die Latte geschossene Bälle halten können. Torerfolge müssten so vermehrt herausgespielt werden.

- Hallenturniere im Winter mit maximal 4 Feldspielern plus Torhüter, dafür soll eine Einfachhalle als Spielfeld reichen. Dies führt zu einer höheren Intensität der Spiele, sowie mehr Ballkontakten für jeden Einzelnen. Bei den Turnieren könnte dergestalt in einer Dreifachhalle gleichzeitig auf zwei Feldern gespielt werden. Die unsäglich langen Wartezeiten zwischen den kurzen Spielen würden entfallen.

- Kein Körperspiel auf F und E Juniorenstufe (siehe Kapitel 12. Körperspiel).

Das Startritual bei den F Junioren stärkt Teamgeist und Empathie.

12. Körperspiel

Bereits auf den untersten Juniorenstufen fällt auf, wie Trainer ihre Schützlinge dazu animieren, ihren Körper bei Zweikämpfen einzusetzen. Dies führt gerade bei körperlich starken Kindern dazu, dass sie nicht lernen, ein Duell um den Ball mit spielerischen Mitteln zu bestreiten. Dieses Körperspiel funktioniert für einige Kinder sehr gut. Der Zweikampf ist für diese Kinder gar nicht mehr ein Kampf um den Ball, sondern ein Duell Körper gegen Körper. Jeder Zweikampf wird gleich bestritten: die körperlich starken Kinder schieben den Gegner einfach zur Seite, worauf sie sich den Ball schnappen können. Diese Taktik kann so lange gut funktionieren, bis sich spätestens im Jugendalter der körperliche Vorteil ausgleicht. Der zuvor körperlich starke Spieler hat nun nicht gelernt, den Ball mit anderen Techniken zu erobern. Er wird zunehmend frustriert sein, weil er plötzlich nicht mehr zu den besten Spielern seiner Mannschaft zählt, beziehungsweise deutlich weniger Erfolgserlebnisse geniesst. Möglicherweise hören solche Spieler im Jugendalter mit dem Fussballspielen auf.

Besser für die fussballerische Entwicklung unserer Nachwuchskräfte wäre es, auf den drei untersten Juniorenstufen (F, E und D Junioren) ein vollkommen körperloses Spiel zu propagieren. Während das körperlose Spiel später kaum mehr erlernt werden kann, ist es vergleichsweise einfach, den Körpereinsatz im Fussball später noch zu erlernen. Die einfachste Art, ein solches System durchzusetzen, wäre, wenn der SFV dies ins Regelwerk aufnehmen würde. Auf den Stufen F, E und D wäre somit vom Reglement her nur noch ein komplett körperloses Spiel erlaubt, wodurch die Trainer sich darauf konzentrieren könnten, den Kindern das Fussballspielen beizubringen. So kämen körperlich schwache Spieler besser zur Geltung, während die körperlich weiter entwickelten Kinder sich Techniken aneignen, die sie sonst nie erlernen würden.

13. Empathie der Trainer: Kommunikationskultur

Im Jahr 2015 startete der IFV mit der Kampagne ,Eltern weg vom Spielfeldrand'. Eine solche Kampagne ist ein gutes Mittel, um Verhaltensänderungen niederschwellig anzustossen, ohne Verbote aussprechen zu müssen. Mit dem gleichen Mittel könnte ein Problem angegangen werden, das in Fussballerkreisen oft verharmlost wird mit der Erklärung, das gehöre halt zum Fussball. Gemeint sind Trainer, die Kinder ihrer eigenen Mannschaft anschreien.

Juniorenfussballer befinden sich, je jünger desto stärker, in einem Abhängigkeitsverhältnis zu ihren Betreuungspersonen. Den Kindern ist es wichtig, was ihr Trainer ihnen sagt. Lobt er sie, steigert er Motivation und Wohlbefinden der jungen Fussballer. Das heisst nicht, dass Kritik keinen Platz hat. Wichtig ist jedoch die Art und Weise, wie Kritik geäussert wird. Leider gibt es nicht wenige Juniorentrainer, die ihre Schützlinge wiederholt anschreien. Einige tun dies nur im Training, andere nur im Spiel und einzelne bei beidem. Durch Anschreien schaden diese der psychischen und fussballerischen Entwicklung der Kinder. Vor allem die Jüngsten lassen sich durch das Schreien stark verunsichern. Der Trainer steht so einer optimalen Entfaltung der Talente im Weg.

Einmal konnte ich ein Spiel beobachten, in dem die Junioren kaum mehr einen Pass zu Stande brachten, weil sie vom wiederholten lauten Hineinrufen ihres Trainers zunehmend verunsichert waren. Dabei wäre es so einfach. Steht zum Beispiel ein Spieler öfters auf einer falschen Position, kann der Trainer ihn jederzeit auswechseln, um so in aller Ruhe mit ihm reden zu können. Fünf Minuten später wechselt er ihn wieder ein, damit der Juniorenspieler das Gehörte umsetzen kann. Oder der Betreuer ruft das Kind kurz zu sich, während das Spiel weiterläuft, schliesslich ist der Prozess wichtiger als das Ergebnis eines einzelnen Spiels.

Da solch übermässig laute Trainer das Gefühl haben, ein bisschen Schreien gehöre dazu, weil sie dies selber als Fussballer so erlebt hatten, bewirken Vorschriften in diesem Bereich wenig. Besser wäre es, eine Veränderung ebenso niederschwellig mit einer Kampagne zu erreichen wie beim Projekt ‚Eltern weg vom Spielfeldrand'. Der Slogan der Kampagne könnte ganz simpel lauten: ‚Trainer schreien nicht'

14. Der Meisterschaftsmodus im Schweizer Profifussball

Der Übertritt vom Nachwuchsspieler zum Fussballprofi gilt gemeinhin als schwierigster Teil in der Karriere eines Fussballers. Die jungen Talente müssen sich in dieser Phase neu nicht mehr nur mit Gleichaltrigen sondern mit den Besten aus über zehn Jahrgängen messen. Während die angehenden Profis Zeit für die Angewöhnung an das höhere Niveau bräuchten, stehen die Vereine oft zu sehr unter Druck, um ihnen diese Zeit zu gewähren. Auch der Modus in der höchsten Spielklasse hilft den Clubs bei der Integration der Nachwuchsspieler nicht weiter. Am Ende der Saison 2018/19 bestand zwischen dem Dritten (Qualifikation für die Europa League Gruppenphase) und dem Neunten (Relegationsspiel) eine Differenz von gerade mal neun Punkten, zwischen dem dritten und dem achten Platz sogar nur drei Punkte. Da bleibt kaum Zeit, Talente über mehrere Spiele aufzubauen. Entweder ein junger Fussballer gewöhnt sich sofort an das geforderte Niveau oder verschwindet von der Bildfläche.

Vom Standpunkt der Spannung mag dieser Modus seine Reize haben, für junge Talente jedoch ist er nicht förderlich. Deswegen sei hier eine Idee erläutert, wie ein alternativer Spielmodus in der Schweiz aufgebaut sein könnte:

Challenge League

10 Teams
Halbprofis und Amateure

Super League

12 Teams
Profiliga

Jeder spielt zweimal gegen jeden, einmal zuhause, einmal auswärts, danach wird neu eingeteilt.

a. Die vier besten Teams sind qualifiziert für Champions League / Qualifikation oder Europa League / Qualifikation. Anschliessend spielen diese vier Teams gegen die vier besten Teams aus der österreichischen Liga eine Vor- und Rückrunde um den Alpencup. Eine solche Ausmarchung müsste, richtig aufgemacht, gut zu vermarkten sein, wodurch die siegreichen Mannschaften Geld daran verdienen könnten. Um ein gewinnbringendes Konzept erarbeiten zu können, wäre denkbar, eine Marketingagentur wie zum Beispiel die Team Marketing AG damit zu beauftragen.

b. Die restlichen acht Teams spielen ebenfalls eine Vor- und Rückrunde um den allenfalls verbleibenden Europa League Platz, um die Plätze in der Europa League 2, die auf die Saison 2021/22 laut UEFA eingeführt werden soll, sowie um den Abstieg und den Barrage Platz. Die Punkte aus der Vor- / Rückrunde der zwölf Teams werden übernommen. Eine Punktehalbierung nach der Herbstrunde entspricht nicht dem sportlichen Grundgedanken, und sollte deswegen nicht in Betracht gezogen werden.

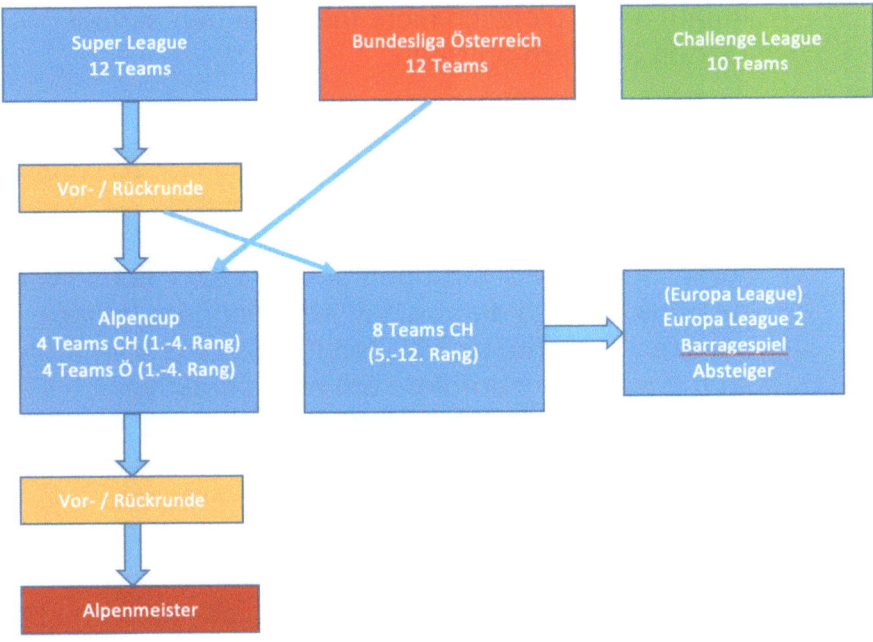

Darstellung: Vorschlag für einen neuen Spielmodus

Ein derart ausgestalteter Modus soll wieder zu einem gesicherten Mittelfeld mit zwei bis drei Clubs führen, für die es mehrere Runden vor Schluss um nichts mehr oder nur um die Teilnahme an der weniger attraktiven Europa League 2 geht. Ein solcher Verein kann gegen Ende der Saison gefahrlos über einige Spiele hinweg junge Spieler an das Niveau in der Super League heranführen. Im Auge behalten werden müssen hier mögliche Wettbewerbsverfälschungen, die durch bereits gesicherte Teams herbeigeführt werden können, indem diese plötzlich nicht mehr mit den aktuell besten Spielern antreten.

In Österreich finden sich praktisch dieselben Probleme wie in der Schweiz. Die Liga ist zu wenig spektakulär. Mit der auch in der Schweiz diskutierten Modusänderung mit Punkteteilung und Aufteilung in zwei Gruppen geht der sportliche Wert des Fussballs in den beiden Alpenländern leider verloren. Es wäre an der Zeit für die zwei Verbände, sich zusammenzuraufen, um eine attraktive, gemeinsame Lösung zu finden, anstatt mit unsportlichen Mitteln wie der Punkteteilung zu versuchen, die Liga künstlich spannender zu machen.

15. Beispiele aus der Praxis

In diesem Kapitel geht es um Fälle aus dem Juniorenfussball, die zum besseren Verständnis der zuvor gemachten Erläuterungen dienen sollen. Die Namen der Kinder sind geändert worden.

Kevin

Bevor Kevin im Alter von knapp sieben Jahren (Geburtstag am Ende des Jahres) in eine F Jugend Mannschaft eintritt, hatte er sich marginal für Fussball interessiert und somit auch nur selten gespielt. Logischerweise ist Kevin zu Beginn einer der schlechteren Spieler in seiner Mannschaft, weshalb er im ersten Halbjahr in den Spielen nur sehr wenig Einsatzzeit bekommt.
Bereits nach einem halben Jahr werden erste Aufteilungen gemacht. Während die besseren Spieler nun in einer höheren Stärkeklasse spielen, muss Kevin mit ebenfalls tiefer eingestuften Spielern die Spiele bestreiten. Da er immer noch mit seinem alten Team trainiert, kennt er weder den Trainer noch die Spieler der neuen Mannschaft, weshalb er auch dort nicht immer zum Einsatz kommt. So merkt bis zum Ende seines ersten Fussballjahres kaum jemand, wie Kevin nach einem halben Jahr anfängt, grosse Fortschritte zu machen. Kevin hat das Etikett des schlechteren Spielers und behält dieses weitgehend bei. Im Sommer können zwei Spieler seiner ursprünglichen Mannschaft in

der Löwenschule des FC Luzern mittrainieren, wo sie zusätzlich gefördert werden. Einer davon wechselt ein Jahr später ganz zum FC Luzern. Weitere zwei Spieler werden vereinsintern in eine bessere Mannschaft umgeteilt. So bleibt Kevins Team trotz seiner eigenen Fortschritte bis zum Ende seiner F Juniorenzeit in der zweiten Stärkeklasse. Inzwischen ist Kevin ein klarer Teamleader.

Beim Übertritt zu den E Junioren wird beschlossen, die Teams beieinander zu lassen. Somit fängt Kevin bei den E Junioren wieder in der dritten Stärkeklasse an, wo er von Beginn weg unterfordert ist.

Da Kevin nach Ansicht der Trainer in der besten E Juniorenmannschaft zu wenig Spielpraxis bekommen würde, lässt man ihn im zweiten E Juniorenjahr in seinem angestammten Team. Nach einigen Abgängen spielt seine Mannschaft im zweiten E Juniorenjahr in der zweiten Stärkeklasse. Kevin darf ab und zu in der ersten Stärkeklasse aushelfen, wo er problemlos mithalten kann. Wer seinen Werdegang genau verfolgt, merkt schon da, dass Kevin auch in der ersten Stärkeklasse gut aufgehoben ist. Dennoch trauen ihm die Trainer immer noch nicht zu, fix in der besten Mannschaft zu spielen. Kevin gilt irgendwie immer noch als der schlechtere Spieler. Zudem zögert man, Spieler aus der besten Mannschaft abzustufen, weil man diese, respektive ihre Eltern, dadurch verärgern würde. Nach den frühen Umstufungen im ersten Jahr passieren vier Jahre lang keine Wechsel mehr. Wer einmal schlecht war, bleibt offiziell schlecht, wer einmal gut war, bleibt offiziell gut.

Beim Übertritt zu den D Junioren wieder dasselbe Bild: zwar wird überlegt, Kevin in die beste von drei Mannschaften zu schicken, wovon dann abgesehen wird mit dem bekannten Argument, Kevin bekomme mehr Spielzeit in der zweitbesten Mannschaft. Dort spielt er grösstenteils mit Kindern zusammen, die in den zwei vorhergehenden Jahren in nominell besseren Teams gespielt haben. Trotzdem dauert es nur 2-3 Spiele bis Kevin auch in diesem Team ein Eckpfeiler ist. Sein Trainer schätzt ihn weiterhin sehr. Er ist der einzige Spieler in der Mannschaft, der praktisch nie ausgewechselt wird. Richtig herausgefordert wird er auch hier höchstens in den ersten 2-3 Spielen. Kevin spielt inzwischen seit fünf Jahren begeistert Fussball, ohne ein einziges Mal über längere Zeit wirklich herausgefordert worden zu sein. Niemand weiss, wo die Grenze seines Potenzials liegt und niemand weiss, wo Kevin zu diesem Zeitpunkt stehen würde, wäre er von Anfang an in vollem Umfang gefördert worden.

In seinem zweiten D Juniorenjahr kommt Kevin schliesslich in die beste Mannschaft seiner Altersklasse, wo er in der höchsten Stärkeklasse gegen die regional besten seines Alters antreten darf.

Was Kevin und seinesgleichen brauchen ist eine breitere, gerechtere Förderung in den fussballerischen Anfangsjahren, sowie eine grössere Durchlässigkeit zwischen den einzelnen Nachwuchsmannschaften.

Marco und Pascal

Auch Marco ist am Ende des Jahres geboren. Zudem ist er sehr klein gewachsen. In den Spielen wird er von grösseren Spielern einfach zur Seite gestossen. So fällt den meisten Leuten nicht auf, dass Marco über eine hervorragende Technik verfügt. Marco spielt in seinen ersten fünf Jahren im Aktivfussball nie in der obersten Stärkeklasse mit, weil seine Trainer es ihm körperlich nicht zutrauen, sich durchsetzen zu können. In der zweiten Stärkeklasse ist Marco den anderen Kindern technisch überlegen. Trotzdem wird er nie in dem Masse gefördert wie die Spieler in seinem Alter, die grösser und kräftiger sind. Eigentlich müsste Marco bereits auf Juniorenstufe mit anderen körperlich schwächeren, technisch begabten Spielern spielen. Nur gibt es auf dieser Stufe dieses Angebot nicht. Als Folge wird Marco über Jahre hinweg nie adäquat gefördert, während Spieler, die technisch viel schlechter sind, jedoch grösser und stärker, eine für sie optimalere Förderung erhalten.
Trotz all dem muss aus Marco nicht zwingend später einmal der schlechtere Spieler werden als aus einem Spieler des stärksten Teams.

Pascal hingegen ist grösser, kräftiger und hat einen stärkeren Schuss als Marco. Pascal ist seit den F Junioren in der stärksten Mannschaft seiner

Altersklasse. Während Marco aufgrund seiner Körpergrösse in Spielen bei der Ballannahme stark unter Druck gesetzt wird, kann sich Pascal mit Einsatz seines Körpers auf dem Spielfeld behaupten. So hat er mehr Zeit und Raum den Ball zu kontrollieren und weiter zu spielen oder auch abzuschliessen. Oft schiesst er auch Tore aus grösseren Distanzen.

Wer weiss, wie sich Knaben körperlich in der Pubertät entwickeln, besonders wenn sie viermal in der Woche trainieren, ahnt schon, wie die Entwicklung weitergehen kann. Da Pascal weniger lernen musste sich technisch in Szene zu setzen, bekommt er im Jugendalter Mühe, sich gegen gleich grosse und gleich starke Spieler, die auch technisch gut sind, zu behaupten. Während dessen holt Marco seine körperlichen Defizite während der Pubertät auf und kann jetzt seine technischen Qualitäten voll ausspielen.

Man könnte nun sagen, alles sei in Ordnung. Der Spieler mit dem grössten Potenzial hat sich am Ende durchgesetzt. Nur wurde Pascal während Jahren gezielt gefördert, Marco nicht. Pascal spielte gegen fussballerisch stärkere Gegner, hatte den nominell besseren Trainer, mehr Trainings und mehr Erfolgsmomente. Marco wurde zwar wiederholt körperlich herausgefordert, fussballtechnisch allerdings weniger und trainierte weniger oft.

Marco steht für unzählige körperlich schwache Fussballspieler, die gar nie in die Nähe der Förderung eines grossen Clubs oder gar des SFV kommen. Ob Marco es mit gezielter Förderung geschafft hätte, später ganz oben mitzuspielen, bleibt dahingestellt. Von den unzähligen körperlich schwachen Spielern, die zu wenig gezielt gefördert werden, gibt es jedoch mit Sicherheit einige wenige, die es hätten schaffen können.

Man wird nie wissen, wie das Potenzial von Marco gewesen wäre, hätte er eine ähnlich gute Förderung erhalten wie Pascal. Und man weiss nicht, wie sich Pascal hätte fussballtechnisch entwickeln können, wenn er sich nicht derart stark auf seine körperliche Überlegenheit hätte verlassen können.

Für die zahllosen Kinder, die wie Marco früh zwischen die Maschen des Förderungsnetzes fallen, müssten die Kriterien für die lokale Förderung der Talente in ihren Clubs angepasst werden. Dazu würde gehören, Potenzial höher zu gewichten als die momentane körperliche Entwicklung, was auch Mut zur Niederlage beinhaltet. Bessere Erkenntnisse zur frühen Einschätzung des Potentials könnten durch die Einführung von Kontrollgruppen in grossen Clubs erlangt werden.

Um ein solches System den Eltern zu vermitteln, sollte die Einteilung der Mannschaften bis und mit den E Junioren nicht mehr strikt nach Leistungsstand gemacht werden. Denkbar wäre ein Team mit momentan leistungsstarken (körperlich starke) Junioren und ein Team mit Spielern mit Potenzial. Den Eltern müsste man nicht mehr sagen, ihr Kind sei in der besten oder zweitbesten Mannschaft, sondern im leistungsstarken Team oder im Potenzial Team. Und was den Fussballverband betrifft: wieso nicht gleich eine separate Stärkeklasse ‚Potenzial Teams' einführen?

Weitere Ansätze wären, bei den F Junioren auf Einteilungen nach Leistung komplett zu verzichten oder, was nur in grösseren Vereinen möglich wäre, weniger steile Hierarchien anzuwenden.

Das könnte zum Beispiel wie folgt aussehen:

Ein Verein hat 8 F Juniorenteams.
Die erste Einteilung erfolgt nach Jahrgang, also 4 Teams Jahrgang x und 4 Teams Jahrgang x + 1. Innerhalb des Jahrgangs unterteilt man in 2 Leistungsteams und 2 Potentialteams, womit die Hierarchie weniger steil wäre als dies heute in den meisten Vereinen praktiziert wird.

Marcel

Marcel bringt einen prall gefüllten Rucksack mit in sein erstes Training bei den F Junioren. Nicht nur hat er einen fussballspielenden älteren Bruder, sondern er wohnt auch in einem Quartier mit Fussballplatz und vielen Kindern. Marcel hat eine fortgeschrittene Schusstechnik, traut sich in die Zweikämpfe zu gehen und weiss, was er tun muss, wenn er den Ball hat. Dies sind Sachen, die er sich beim Fussball spielen mit älteren Kindern in seinem Wohnquartier angeeignet hat. Entsprechend gross ist sein Leistungsvorsprung gegenüber den restlichen Kindern seines Teams.

Vom ersten Tag an wird Marcel gefördert. Da die Spiele im Training immer in grösseren Gruppen von statten gehen, hat er viel mehr Ballkontakte als der Rest. An den Turnieren möchte der Trainer fair sein und alle Spieler einsetzen, jedoch denkt er auch ans gewinnen, so dass er auf drei Positionen munter durchwechselt, während Marcel praktisch immer spielt.
Es dauert nicht lange, da kommt Marcel in ein besseres Team. Er trainiert intensiver, mehr und hat einen Trainer mit viel Erfahrung im Juniorenbereich. In der Löwenschule wird er bald schon einmal wöchentlich zusätzlich gefördert. Marcel nutzt die Aufwärtsspirale, indem er sich hervorragend weiterentwickelt. Bei den E Junioren wechselt er vollständig zum FCL.

Wie Marcel waren wahrscheinlich praktisch alle, die es in die Talentförderungsmaschinerie schaffen, bereits beim Eintritt ins Juniorenalter überdurchschnittlich gut. Dies hat weniger mit Begabung, als damit zu tun, was für eine fussballerische Vorbildung sie in die Vereine mitbringen.
Klar gibt es auch unter diesen von Anfang an starken Spielern einige, die wirklich talentiert sind. Deshalb funktioniert die heutige Talentförderung auch ordentlich gut. Wieso wir jedoch den Rest vernachlässigen, ist ein Rätsel.

FCX

Vor circa zwei Jahren sah ich ein E Juniorenspiel des FCY gegen den FCX. Dabei stach die ausgesprochen aggressive Spielweise des FCX allen Anwesenden ins Auge. Die Spieler kamen, vom Betreuer aufgeputscht, bereits sehr aggressiv aufs Feld. Während des Spiels wurden sie von der Betreuungsperson weiter ermutigt, noch aggressiver zu Werke zu gehen. Spielkultur war nicht gefragt. Die Mannschaft des FCX spielte während der gesamten Spielzeit keine drei aufeinanderfolgenden Pässe, was dem Trainer egal zu sein schien.
Währenddessen forderte der Trainer des FCY von seinem Team konsequent ein gepflegtes Passspiel, auch wenn dies zu Fehlern und Gegentoren führte. Der FCX gewann dieses Spiel knapp, was ausgiebig gefeiert wurde.

Ein Jahr später spielten praktisch die gleichen Teams auf D Juniorenstufe wieder gegeneinander. Diesmal hatte der FCX keine Chance und verlor das Spiel hoch. Die Kinder des FCY hatten inzwischen ein sehr gutes Passspiel eingeübt. Die Spieler des FCX rannten nur hinterher und wenn sie einmal den Ball hatten, wussten sie nichts damit anzufangen. Sie hatten nicht gelernt, zusammenzuspielen.

Auch bei diesem Beispiel steht der FCX stellvertretend für zahllose Juniorenteams, deren Trainer den kurzfristigen Erfolg höher gewichten als das Erlernen des Fussballspiels. All die Kinder dieser Teams sind für die Talentförderung verloren.

Ziel der Talentförderung aus gesamtschweizerischer Perspektive muss sein, die Anzahl dieser verlorenen Kinder zu reduzieren, damit der Pool mit potentiellen Talenten so gross wie möglich wird.

FCQ gegen FCR

Neulich konnte ich ein Spiel auf D Juniorenstufe beobachten zwischen einem Team eines regionalen Grossclubs (hier FCR genannt), der sich die Talente der gesamten Region Jahr für Jahr aussuchen kann, und einem mittelgrossen Club (FCQ), der jährlich seine besten Talente an grössere Clubs abgibt. Während sich die Mannschaft des FCR in dieser Zusammensetzung bereits seit einem Monat im Training befand, hatte der FCQ erst einen Tag vorher mit dem neu zusammengestellten Team angefangen zu trainieren. Das Spiel endete mit einem Unentschieden, obschon der FCR offensichtlich die besseren Einzelspieler im Team hatte. Ebenso offensichtlich war jedoch, dass der FCR nicht als Team auftrat. Jeder Spieler wollte, wenn er den Ball hatte, brillieren und etwas Spezielles zeigen. Der FCR konnte folglich kaum flüssige Kombinationen spielen, der Ball wurde zu lange von den einzelnen Spielern in den Füssen gehalten.

Besser machte es in dieser Beziehung der FCQ: durch schnelles Weiterspielen des Balles kamen sie immer wieder zu guten Torchancen. Das Unentschieden am Ende war durchaus ein gerechtes Resultat.

Das junge Trainerteam des FCR hatte es in einem Monat gemeinsamen Trainings nicht geschafft, eine Mannschaft mit einem anständigen Passspiel zu formen, was nicht für die Qualität der Betreuer spricht, schliesslich hatten sie die besten Talente der Region zur Verfügung. Wie Dieses Beispiel illustriert, muss im Nachwuchsbereich unbedingt die Qualität der Trainer verbessert werden. Wie in den Kapiteln 3.3 (Förderung der Trainer im Breitensport: Projekt Sportlehrer) und 7 (Spezialisten in die Talentförderung) beschrieben, sollten zum einen die Trainer, die in regionalen Spitzenfussballzentren tätig sind, umfangreicher ausgebildet und gefördert, sowie nicht basierend auf ihren Meriten als Spieler ausgewählt werden und zum anderen die Betreuer im Breitensport mehr Unterstützung erhalten, um sich zu verbessern.

Zwillinge

Yannik und Elias sind eineiige Zwillinge. Sie sind in der physischen, koordinativen und kognitiven Entwicklung gleich weit fortgeschritten. Yannick hat jedoch einen Patenonkel, der mit ihm im Alter zwischen vier und sieben Jahren oft Fussball spielt, derweil Elias nur sehr selten in Kontakt mit Fussball kommt.

Im Alter von sieben Jahren treten beide in die F Junioren desselben Vereins ein. Logischerweise fällt Yannick im Gegensatz zu Elias von Anfang an positiv auf. Er schiesst besser, ist schneller mit dem Ball am Fuss und zielgerichteter bei der Balleroberung. Yannick kommt folglich zu mehr Spielzeit und wenn er spielt, sowohl an den Turnieren wie auch im Training, zu mehr Ballkontakten, was wiederum dazu führt, dass Yannick grössere Fortschritte macht.

Demgegenüber wird Elias in seiner Entwicklung gebremst. An Turnieren kriegt er nur spärlich Einsatzzeit, in Trainingsspielen hat er weniger oft den Ball. Während Yannick in der Aufwärtsspirale ist, tritt Elias mehr oder weniger an Ort. Die Schere zwischen den beiden geht immer mehr auseinander, obwohl die beiden Zwillinge ursprünglich das gleiche Talent mitbrachten.

Dieses Beispiel soll veranschaulichen, wie selektiv die Talentförderung vom ersten Tag an bei den F Junioren funktioniert. Es wird zu stark gewichtet, was die Kinder beim Start in den Juniorenfussball mitbringen, anstatt Spielern mit wenig oder gar keinem vorgängigen Fussballtraining die Chance zu geben, ihre Defizite aufzuholen.

Würde im beschriebenen Fall Elias ein Jahr lang genauso gefördert wie sein Bruder, wäre der Rückstand mit Sicherheit aufgeholt. Das würde bedingen: gleich viel Spielzeit für alle an den Turnieren und das Spiel im Training zum grössten Teil nur in kleinsten Gruppen (1:1, 2:2 am Anfang des ersten Jahres; 3:3, 4:4 erst gegen Ende).

Um mehr über die Mechanismen der Entwicklung junger Fussballer zu erfahren, wäre eine Studie mit eineiigen Zwillingen zu begrüssen. Die Frage ist allerdings, ob ausreichend Kandidaten in der Schweiz zu finden sind.

Fussballschule mit G Junioren

16. Fazit

Als ich mit dem Schreiben dieses Buches begonnen hatte, wusste ich noch nicht genau, in welche Richtung meine Überlegungen am Ende führen würden. Ich stand da im Sinne des am Anfang geschriebenen Zitats von Lichtenberg. Das fortlaufende niederschreiben meiner Gedanken und Ideen zum Thema der Talentförderung im Fussball setzten in mir einen Prozess in Gang, der schliesslich zur Erkenntnis führte, dass der schwerwiegendste Fehler in der Talentförderung im Schweizer Fussball bereits im jüngsten Alter beim Eintritt in den Fussballverein, also bei den F Junioren passiert. Zusammen mit drei weiteren Gedanken führt dies zu vier Schlussfolgerungen:

- Der SFV schreibt auf seiner Homepage von 60'000 Fussball spielenden Kindern im Alter zwischen fünf und zehn in der Schweiz, von denen die Besten fortlaufend selektioniert und gefördert werden bis nur noch einige wenige an der Spitze übrigbleiben. Dies ist meiner Meinung nach eine Fehleinschätzung, denn der Pool, aus dem die besten Talente ausgewählt werden, wird praktisch mit dem Tag des ersten Fussballtrainings bei den F Junioren auf einen Bruchteil reduziert. Gelingt es uns hier, die Selektion so lange wie möglich offen zu halten, erlangen wir bessere Einsichten, welche Kinder wirklich talentiert sind und welche nur dank einem Trainingsvorsprung, den sie in den Verein mitgebracht haben, oder aufgrund ihrer frühen körperlichen Entwicklung herausstechen. Passiert dies nicht, bleibt die Talentförderung auf unterster Stufe grösstenteils Zufall.

- Die zweite wichtige Erkenntnis, zu der ich gelangt bin, ist die Annahme in der Talentforschung, man könne Gruppen mit verschiedenen Voraussetzungen vergleichen. Für künftige Forschungsprojekte sollten unbedingt Kontrollgruppen eingeführt werden, die möglichst dieselben Voraussetzungen haben, sprich gleich gut ausgebildete Trainer und vor allem gleich viele Trainingsstunden. Denn dass mehr Trainingsstunden zu besseren Leistungen führen, sollte nicht bewiesen werden müssen.

- Weiter sehe ich ein grosses Potenzial in Qualitätssteigerungen im Nachwuchstrainerbereich, sowohl im Breiten- als auch im Spitzensport. Wieso soll von einem professionellen Trainer im Nachwuchsbereich ausbildungsmässig vor allem bei den theoretischen Grundlagen nicht mehr verlangt werden? Ich glaube nicht, dass deswegen plötzlich zu wenig interessierte Trainer im Spitzenbereich vorhanden wären. Schliesslich gibt es unzählige fussballbegeisterte Betreuer, die

90

gerne mehr über ihr Metier erfahren würden. Diese Fussballenthusiasten gilt es zu unterstützen und zu fördern. Entweder wird die vom SFV geforderte Ausbildung angepasst, sprich umfangreicher gestaltet, oder man holt sich anderweitig besser ausgebildete Leute (Sportlehrer) in diesen Bereich.

- Bei den privaten Fussballschulen darf durchaus auf eine Selbstregulation des Marktes gehofft werden. Möglicherweise drängt früher oder später ein Anbieter auf den Markt, der die angesprochenen Dinge besser macht oder eine der bereits präsenten Schulen schafft es, ihre Defizite zu beheben. Gelingt dies auf dem einen oder anderen Weg, können private Fussballschulen zu einem wahren Gewinn in der Talentförderung werden.

Das Ausbleiben von guten Resultaten in den Schweizer Nachwuchsauswahlen ist nur ein Indiz, das auf den Verlust eines Vorsprungs in der Nachwuchsarbeit auf vergleichbare Länder hinweist. Natürlich könnte es sich hier auch um natürliche Schwankungen, die vor allem in kleineren Ländern wie der Schweiz immer wieder auftreten, handeln. Egal, welcher dieser zwei Fälle zutrifft: Verbesserungen anzustreben muss immer das Ziel bleiben, sowohl im Breiten- wie auch im Spitzensport. Geht es um die Toptalente, ist gut zu wenig. Exzellenz ist es, was angestrebt werden muss. Je innovativer und fortschrittlicher die Methoden sind, umso grösser die Chance auf Erfolge, die auf einem Vorsprung durch fortschrittliches Denken beruhen.

Sollte sich der Negativtrend in den kommenden Jahren tatsächlich bestätigen, bräuchte es jetzt umso drastischere Veränderungen, denn das würde bedeuten, dass die Entwicklung in jüngster Vergangenheit verschlafen wurde. Sollte es sich nur um ein Zwischentief handeln, darf man sich nicht auf den Lorbeeren ausruhen, sondern muss proaktiv vorangehen. Stillstand darf keine Option sein.

Remo Meier
Master of Science
Sportlehrer Berufsschule
F Juniorentrainer
Vater von drei Kindern

‚Schreiben heißt also die Welt enthüllen und sie zugleich der Hingabe des Lesers als eine Aufgabe stellen.'

Jean-Paul Sartre

Quellen

Talentselektion und Talentförderung im Schweizer
Fussball – Zwischenbericht
Claudia Zuber, Achim Conzelmann, 2015

„The Early Specialised Bird Catches the Worm!" – A
Specialised Sampling Model in the Development of
Football Talents
Sieghartsleitner, Zuber, Zibung and Conzelmann,
21 February 2018

Trainingswissenschaft
Günter Schnabel, Dietrich Harre, Alfred Borde
Sportverlag Berlin, 1994

Kinderfussball-Konzept SFV
Fussball im J+S-Kindersport
Peter Knäbel, Bruno Truffer, Raphael Kern

Wo die Schweizer Fussballtalente landen
Datenblog Tagesanzeiger
Florian Raz, 22. Januar 2017

Unsere Kinder, unsere Stars
NZZ am Sonntag
Samuel Tanner, 7. April 2019

Manual
Talentidentifikation- und selektion
Bundesamt für Sport und Swiss Olympic
Christof Baer, Lea Müller, Dominik Pürro, David
Egli, Jörg Fuchslocher, Michael Romann, Daniel
Birrer, Claudia Zuber, Heinz Moser, Reto
Gertschen, Ralph Rüdisüli-Laurent, Louis Heyer
Dezember 2016

The influence of relative age on success and
dropout in male soccer players
Helsen, Starkes, & Van Winckel
Januar 1999
„Gnade der frühen Geburt" oder
Chancengleichheit?
Romann und Fuchslocher
2011

Trainerreglement
Ausbildungsstruktur SFV
www.football.ch

Bildungssystem CH
www.edk.ch

Alterseffekte im Sport
Biologisches Alter und Entwicklungsstand
Dennis Lüdin, Marie Javet, Michael Romann
www.mobilesport.ch

www.footrebel.com

www.kidsgosoccer.ch

www.justfootball.ch

www.valleyislesoccer.com

https://de.wikipedia.org/wiki/Freddy_Adu

https://de.wikipedia.org/wiki/Renato_Sanches